Roumen Nedev

Enveloppes convexes des plans projectifs fini

Roumen Nedev

Enveloppes convexes des plans projectifs fini

Approche polyèdrale

Éditions universitaires européennes

Mentions légales/ Imprint (applicable pour l'Allemagne seulement/ only for Germany)

Information bibliographique publiée par la Deutsche Nationalbibliothek: La Deutsche Nationalbibliothek inscrit cette publication à la Deutsche Nationalbibliografie; des données bibliographiques détaillées sont disponibles sur internet à l'adresse http://dnb.d-nb.de.
Toutes marques et noms de produits mentionnés dans ce livre demeurent sous la protection des marques, des marques déposées et des brevets, et sont des marques ou des marques déposées de leurs détenteurs respectifs. L'utilisation des marques, noms de produits, noms communs, noms commerciaux, descriptions de produits, etc, même sans qu'ils soient mentionnés de façon particulière dans ce livre ne signifie en aucune façon que ces noms peuvent être utilisés sans restriction à l'égard de la législation pour la protection des marques et des marques déposées et pourraient donc être utilisés par quiconque.

Photo de la couverture: www.ingimage.com

Editeur: Éditions universitaires européennes est une marque déposée de Südwestdeutscher Verlag für Hochschulschriften Aktiengesellschaft & Co. KG
Dudweiler Landstr. 99, 66123 Sarrebruck, Allemagne
Téléphone +49 681 37 20 271-1, Fax +49 681 37 20 271-0
Email: info@editions-ue.com
Agréé: Marseille, Aix-Marseille II, thèse de doctorat, 2009

Produit en Allemagne:
Schaltungsdienst Lange o.H.G., Berlin
Books on Demand GmbH, Norderstedt
Reha GmbH, Saarbrücken
Amazon Distribution GmbH, Leipzig
ISBN: 978-613-1-53231-3

Imprint (only for USA, GB)

Bibliographic information published by the Deutsche Nationalbibliothek: The Deutsche Nationalbibliothek lists this publication in the Deutsche Nationalbibliografie; detailed bibliographic data are available in the Internet at http://dnb.d-nb.de.
Any brand names and product names mentioned in this book are subject to trademark, brand or patent protection and are trademarks or registered trademarks of their respective holders. The use of brand names, product names, common names, trade names, product descriptions etc. even without a particular marking in this works is in no way to be construed to mean that such names may be regarded as unrestricted in respect of trademark and brand protection legislation and could thus be used by anyone.

Cover image: www.ingimage.com

Publisher: Éditions universitaires européennes is an imprint of the publishing house Südwestdeutscher Verlag für Hochschulschriften Aktiengesellschaft & Co. KG
Dudweiler Landstr. 99, 66123 Saarbrücken, Germany
Phone +49 681 37 20 271-1, Fax +49 681 37 20 271-0
Email: info@editions-ue.com

Printed in the U.S.A.
Printed in the U.K. by (see last page)
ISBN: 978-613-1-53231-3

Table des matières

Chapitre 1

Introduction

Nous allons donner ici quelques notions de base.

1.1 Dépendance linéaire, affine et convexe

Nous allons travailler dans un espace euclidien E^d de dimension d.

Un point $x \in E^d$ est *linéairement dépendant* par rapport à un ensemble X de E^d, s'il existe des points $x^1, x^2, \ldots, x^r$ de X, et des scalaires $\lambda_1, \lambda_2, \ldots, \lambda_r$ non tous nuls, tels que : $x = \sum_{j=1}^{r} \lambda_j x^j$.

Si l'on impose aussi la condition : $\sum_{j=1}^{r} \lambda_j = 1$, alors x est *affinement dépendant* de X ; et si de plus $\lambda_j \geq 0$, $\forall j \in \{1, \ldots, r\}$, alors x est *convexement dépendant* de X.

Un *sous-espace linéaire (affine)* de E^d est un sous-ensemble X de E^d, tel que chaque combinaison linéaire (affine) de points de X est un élément de X.

Les sous-espaces linéaires et affines sont étroitement liés, par exemple dans E^3 les sous-espaces linéaires propres (c.-à-d. différents de E^3) sont les droites et les plans passant par l'origine O, et les sous-espaces affines propres sont les droites et les plans quelconques.

On peut donc tester la dépendance affine de façon similaire à la dépendance linéaire : un ensemble de points $X \subseteq E^d$ est affinement dépendant s'il existe une solution non triviale du système :

$$\begin{cases} \lambda_1 x^1 + \lambda_2 x^2 + \ldots + \lambda_r x^r = O, \\ \lambda_1 + \lambda_2 + \ldots + \lambda_n = 0, \end{cases} \tag{1.1}$$

où O dénote le vecteur zéro. Au cas contraire X est un ensemble *affinement indépendant*.

3

Un ensemble est *convexe* si et seulement si, il est fermé par rapport à des combinaisons convexes de ses éléments.

Par le théorème suivant, un ensemble est convexe s'il est fermé par rapport à des combinaisons convexes de *deux* points. En d'autres termes $K \subseteq E^d$ est convexe si et seulement si, K contient entièrement les segments de droites, dont les extrémités se trouvent dans K.

Théorème 1.1 *Un sous-ensemble K de E^d est* **convexe** *si et seulement si, pour toute paire de points $x, y \in K$ et $0 \leq \lambda \leq 1$, le point $t = (1 - \lambda)x + \lambda y$ appartient à K.*

Preuve :

La nécessité est triviale. On va montrer que la condition est suffisante par induction sur le nombre de points appartenant à K.

Soit x une combinaison convexe de points de K :

$$\begin{cases} x = \sum_{j=1}^{r} \lambda_j x^j, \\ x^j \in K, \lambda_j \geq 0, \forall j, \\ \sum_{j=1}^{r} \lambda_j = 1. \end{cases} \qquad (1.2)$$

On peut supposer sans perte de généralité que $\lambda_j \neq 0, \forall j$, sinon on peut supprimer les termes correspondants. Si la condition du théorème est vraie, alors :

$$y^1 = \frac{\lambda_1}{\lambda_1 + \lambda_2} x^1 + \frac{\lambda_2}{\lambda_1 + \lambda_2} x^2 \in K,$$

et donc,

$$y^2 = \frac{\lambda_1 + \lambda_2}{\lambda_1 + \lambda_2 + \lambda_3} y^1 + \frac{\lambda_3}{\lambda_1 + \lambda_2 + \lambda_3} x^3 \in K.$$

Par induction,

$$x = \frac{\lambda_1 + \ldots + \lambda_{r-1}}{\lambda_1 + \ldots + \lambda_r} y^{r-2} + \frac{\lambda_r}{\lambda_1 + \ldots + \lambda_r} x^r \in K.$$

$\square$

L'*enveloppe affine* d'un ensemble de points $X \subseteq E^d$ est définie par l'intersection de tous les sous-espaces affines contenant X. L'enveloppe affine, on note $aff(X)$, est donc le "plus petit" sous-espace affine contenant X. En effet, $aff(X)$ est aussi l'ensemble de toutes les combinaisons affines de X.

L'*enveloppe linéaire* de X, on note $lin(X)$, est définie de façon similaire. Si X est un sous-espace linéaire de E^d, de dimension n et $\{x^1, \ldots, x^n\}$ est une *base* de X (c.-à-d. un sous-ensemble linéairement indépendant maximal de

X), alors $\{0, x^1, \ldots, x^n\}$ est une *base affine* de X (ensemble minimal qui engendre affinement X).

Un point $x \in E^d$ est *positivement dépendant* d'un ensemble $X \subseteq E^d$ s'il existe des scalaires non-négatifs $\lambda_1, \lambda_2, \ldots, \lambda_r$ et $x^1, \ldots, x^r \in X$, tels que $x = \lambda_1 x^1 + \ldots + \lambda_r x^r$. Un *cône convexe* est un sous-ensemble de E^d fermé par rapport à des combinaisons linéaires positives.

L'*enveloppe convexe* d'un ensemble X est l'ensemble de toutes les combinaisons convexes de sous-ensembles (finis) de X.

Définition 1.1 *Un **polytope convexe** est l'enveloppe convexe d'un ensemble fini de points.*

Le théorème suivant exprime le fait qu'un polytope (convexe) est fini et borné.

Théorème 1.2 (Carathéodory) *L'enveloppe convexe d'un ensemble de points $X \subseteq E^d$ est l'ensemble de toutes les combinaisons convexes de sous-ensembles de X contenant au plus $d + 1$ points.*

Preuve :

Soit x un point de l'enveloppe convexe de X. On va supposer que dans sa représentation minimale, x s'exprime avec au moins $d + 2$ points, et on va montrer que cette hypothèse aboutit à une contradiction.

Soit donc :
$$x = \lambda_1 x^1 + \lambda_2 x^2 + \ldots + \lambda_r x^r,$$
$$\lambda_1 + \lambda_2 + \ldots + \lambda_r = 1,$$
$$x_j \in X, \lambda_j \geq 0, \forall j,$$

et supposons $r \geq d + 2$.

Dans E^d il existe au plus $d + 1$ points affinement indépendants, et donc le système :
$$\mu_1 x^1 + \mu_2 x^2 + \ldots + \mu_r x^r = O,$$
$$\mu_1 + \mu_2 + \ldots + \mu_r = 0$$

possède une solution non-triviale. On choisit l'indice j, notons j_0, tel que la valeur de $\frac{\lambda_j}{\mu_j}$ soit minimale positive, et $\mu_j > 0$. A partir des deux relations précédentes, x s'exprime :

$$x = \sum_{j=1}^{r} \lambda_j x^j = \sum_{j=1}^{r} (\lambda_j - \frac{\lambda_{j0}}{\mu_{j0}} \mu_j) x^j,$$

et donc, les λ restant non négatifs, comme combinaison convexe de moins de r points, une contradiction. En effet, $r \leq d + 1$. $\square$

1.2   Graphes, polyèdres et polytopes

Nous allons définir ici les graphes, les polyèdres et les polytopes et nous allons établir les relations étroites entre ces objets.

On appelle *graphe simple non-orienté* le couple formé par les ensembles finis X et E où E est sous-ensemble de $P_2(X)$ l'ensemble des paires d'éléments de X. On le note $G = (X, E)$, l'élément e de E est donc la paire $e = \{x, y\}$ avec $x, y \in X$. La notation entre accolades signifie que l'ordre entre x et y n'est pas pris en compte.

Les éléments x de X sont appelés sommets ou noeuds, les éléments e de E sont appelés arêtes.

Un *graphe simple orienté* est le couple formé par les ensembles finis X et U, où U est un sous-ensemble de $X \times X$, le produit cartésien de X par X. On le note $G = (X, U)$, un élément u de U est donc le couple $u = (x, y)$ avec $x, y \in X$. La notation entre paranthèses signifie donc que l'ordre entre x et y est pris en compte. Les éléments u de U sont appelés arcs.

Un *cycle élémentaire* $\gamma \in E$ dans un graphe est un ensemble ordonné d'arêtes $\gamma = (e_0, e_1, \ldots, e_{n-1})$, où pour $i \in \{0, 1, \ldots, n-1\}$ les arêtes e_i et e_{i+1} ($i+1$ pris modulo n) ont un sommet en commun, et où chaque sommet de γ n'apparaît que dans 2 arêtes de γ.

Soit $G = (X, E)$ un graphe et $Y \subset X$. On appelle *(sous)graphe induit* par Y, le graphe $G(Y) = (Y, E(Y))$ tel que :

$$E(Y) = \{e \in E, e = \{x, y\}, x, y \in Y\}$$

Soit $G = (X, E)$ un graphe et $Y \subset X$. On appelle *cocycle* $\omega(Y)$ l'ensemble des arêtes :

$$\omega(Y) = \{e = \{x, y\} \in E, x \in Y, \text{ et } y \in X \setminus Y, \text{ ou } y \in Y, \text{ et } x \in X \setminus Y.$$

Lorsque $G = (X, U)$ est orienté, le cocycle ω est partitionné en $\omega^+(Y)$ et $\omega^-(Y)$, avec :

$$\omega^+(Y) = \{u = (x, y), x \in Y, y \in X \setminus Y\},$$

$$\omega^-(Y) = \{u = (x, y), y \in Y, x \in X \setminus Y\}.$$

On parle de $\omega^+(Y)$ et $\omega^-(Y)$ pour distinguer les arcs qui rentrent dans Y de ceux qui sortent de Y.

Soit $G = (X, U)$ un graphe orienté et A un anneau (en pratique A est $\mathbb{R}$ ou $\mathbb{Z}$). On appelle *matrice d'incidence* S une application du produit cartésien $X \times U$ dans A telle que :
  (i) $u = (i, j) - > S_{i,u} = -1$,
  (ii) $u = (i, j) - > S_{i,u} = -1$,
  (iii) $u = (i, j), k \neq i - > S_{k,u} = 0$.

Dans les graphes non orientés, les deux coefficients non nuls de la colonne e, $S_{i,e}$ et $S_{j,e}$, ont tous les deux la valeur 1.

La matrice S est notée $S_{X,U}$, (X, U) est appelé son format. On notera S_i, la ligne i de $S_{X,U}$, $S_{,i}$ la colonne i de $S_{X,U}$.

Proposition 1.1 *Le rang de la matrice $S_{X,U}$ de $G = (X, U)$ est inférieur ou égal à $|X| - 1$.*

Preuve :
Par construction de $S_{X,U}$, on a :

$$\exists u \in U, \sum_{x \in X} S_{x,u} = 0,$$

on a donc :

$$\sum_{x \in X} S_{x,} = 0,$$

les lignes de $S_{X,U}$ ne sont pas linéairement indépendantes. $\square$

Un graphe $G = (X, A)$ est un *arbre*, s'il est connexe et sans cycle. Pour $|X| \geq 2$, un arbre satisfait les conditions suivantes :
  (i) un arbre a toujours un sommet relié à une seule arête,
  (ii) un arbre a $|X| - 1$ arêtes.

Un *polytope (convexe)* est l'enveloppe convexe d'un ensemble fini de points $x_1, \ldots, x_k$ de $\mathbb{R}^n$ dans un espace Euclidien de dimension n.

Alternativement, un polytope est une intersection *bornée* d'un nombre fini de demi-espaces fermés de $\mathbb{R}^n$. Un polyèdre est donc un ensemble borné de $\mathbb{R}^n$ provenant de la solution d'un système d'inégalités linéaires, $P = \{x \in \mathbb{R}^n, Ax \leq b\}$ où A est une matrice $m \times n$ de réels et b est un vecteur colonne de $\mathbb{R}^m$.

Un *polyèdre* est un ensemble non borné de $\mathbb{R}^n$ provenant de la solution d'un système d'inégalités linéaires.

La *dimension*, $dim(P)$, d'un polyèdre P est sa dimension affine, c'est à dire si la dimension de P est n dans son espace propre (où P est de dimension pleine), et elle reste la même dans chaque dimension supérieure à n.

Pour un polyèdre P de dimension n, un *hyperplan d'appui* est un hyperplan H de $\mathbb{R}^n$ tel que P est dans l'un des deux demi-espaces fermés déterminés par H. Si H est un hyperplan d'appui (support) de P, alors l'intersection de P et H est une face de P. Les faces des polytopes sont des polytopes aussi. Nous allons considérer ces propriétés dans la section suivante.

1.3   Propriétés de support et faces polyèdrales

Avant d'établir la structure faciale des polyèdres, nous allons présenter quelques propriétés de support d'un ensemble convexe fermé et borné.

Soit $H = \{x \in E^d | ax = \beta\}$ un hyperplan de E^d. On appelle un *demi-espace fermé* l'ensemble des points de l'un des deux côtés de H, ou sur H. Les *demi-espaces ouverts* correspondent aux points strictement de l'un des deux côtés de H.

Soit K un ensemble convexe, fermé et borné de E^d. On appelle un hyperplan H de E^d *support* de K si $H \cap K \neq \emptyset$, et si K est contenu dans l'un des deux demi-espaces fermés, définis par H. On appelle a *vecteur normal sortant* de H, le vecteur normal appartenant au demi-espace (défini par H) opposé au demi-espace contenant K.

Théorème 1.3 *Soit K un ensemble convexe borné et fermé de E^d, et soit a un vecteur non nul. Il existe un hyperplan support H de K avec vecteur sortant normal a.*

Preuve :
Cet hyperplan est donné par : $H = \{x \in E^d | ax = sup_{y \in K}\{ay\}\}$. Le supremum est atteint puisque K est fermé et borné. $\square$

On s'intéresse souvent à la "structure faciale" des polytopes convexes.

Soit H un hyperplan support d'un ensemble convexe, fermé et borné K. On appelle $H \cap K$ *face* de K. Chaque face F de K est convexe puisqu'elle est l'intersection de deux ensembles convexes. Si $dimF = j$ alors on appelle F une *j-face*. Si K est de dimension d, les faces *propres* de K sont de dimension : $0 \leq dimF \leq d-1$. Les 0-faces sont les *sommets* de K, les 1-faces sont les *arêtes* de K et les $(d-1)$-faces sont les *facettes* de K.

Les faces des polytopes possèdent des propriétés qui ne sont pas vraies dans le cas général des ensembles convexes, par exemple *les points extrèmes*, ceux qui ne sont pas combinaisons convexes d'autres points de K, sont toujours des 0-faces pour les polyèdres, mais pas pour les convexes compacts... Nous allons donner ici, sans les démontrer, certaines de ces propriétés ; les preuves peuvent être trouvées dans [28].

Un polytope possède un nombre fini de faces différentes, et chaque face est un polytope convexe.

On peut aussi décrire un polytope à partir de son ensemble de sommets : un polytope P est l'enveloppe convexe de ses sommets. En effet, si P est donné comme l'enveloppe convexe d'un ensemble de points X, on peut enlever, successivement, de X chaque point qui est dans l'enveloppe convexe des autres. On obtient ainsi une représentation de P comme l'enveloppe convexe d'un ensemble minimal de points. Il reste à montrer que cet ensemble est exactement l'ensemble des sommets de P.

Si un polytope de dimension d (d-polytope) possède n facettes, alors il peut être représenté par l'intersection de n demi-espaces fermés.

Théorème 1.4 *Soit K_1 et K_2 deux ensembles convexes, bornés et fermés, tels que $K_2 \subseteq K_1$. Si F est une face de K_1, alors $F \cap K_2$ est une face de K_2.*

Preuve :
Supposons, sans perte de généralité, que F est une face propre de K_1. Soit H un hyperplan support de K_1 tel que $H \cap K_1 = F$. Deux cas sont possibles :

(i) $H \cap K_2 = \emptyset$: l'ensemble vide est une face impropre de K_2,
(ii) H est un hyperplan support de K_2 : $H \cap K_2 = F \cap K_2$ est une face de K_2.

$\square$
Par le théorème précédent, soient F_1, F_2 deux faces d'un polytope P, telles que $F_2 \subseteq F_1$. F_2 est alors une face de F_1. Pour les polytopes, et non pour les ensembles convexes en général, l'inverse est vrai aussi : Si F_1 est une face d'un polytope P, et F_2 une face du polytope F_1, alors F_2 est une face de P.

Les faces d'un polytopes peuvent être caractérisées par la condition suivante : *Soit P un polytope, d'ensemble de sommets V, et soit $W \subseteq V$. L'enveloppe convexe $convW$ est une face de P si et seulement si $affW \cap conv(V \setminus W) = \emptyset$.* On va montrer ici que la condition est nécessaire. Si $F = convW$ est une face de P, alors il existe un hyperplan support H de P tel que $H \cap P = F$. L'ensemble de sommets $V \setminus W$ est contenu dans l'un des deux demi-espaces ouverts, définis par H, et donc $H \cap conv(V \setminus W) = \emptyset$. Comme $affW = affF \subseteq H$, on obtient : $affW \cap conv(V \setminus W) = \emptyset$.

Définition 1.2 *On appelle **treillis des faces** d'un polytope P, l'ensemble de toutes les faces propres de P et les faces impropres $\emptyset$ et P, et on note $\mathcal{F}(P)$.*

Définition 1.3 *Deux polytopes P_1 et P_2 sont dits **combinatoirement équivalents** si leurs treillis des faces $\mathcal{F}(P_1)$ et $\mathcal{F}(P_2)$ sont isomorphes.*

C.-à.-d. s'il existe une $1 - 1$ correspondance Φ entre l'ensemble des faces de P_1 et l'ensemble des faces de P_2 telle que : Pour chaque paire de faces F_1, F_2 de P_1 on a : $F_1 \subseteq F_2$ si et seulement si $\Phi(F_1) \subseteq \Phi(F_2)$.

Comme les faces polyédrales sont des polyèdres aussi, on peut compter leur nombre par rapport aux dimensions.
Soit f_i le nombre de faces de dimension i d'un polytope P de dimension d. En particulier, $f_{-1} = 1$ compte l'ensemble vide, f_0 le nombre de sommets, f_1 le nombre d'arêtes, f_{d-1} le nombre de facettes de P et f_d compte P. L'ensemble vide et P sont des faces *impropres* de P. On appelle $f(P) = (f_{-1}, f_0, f_1, \ldots, f_{d-1}, f_d)$ *f-vecteur* de P.
Par la relaton d'inclusion naturelle, les faces d'un polyèdre forment un ensemble partiellement ordonné. L'ensemble vide et P sont pris comme éléments pour construire le treillis des de faces de P. Le treillis des faces possède la fonction de rang $r(F) = dim(F) + 1$, où F est face de P et le f-vecteur de P donne les rangs de le treille.

1.4   Description de polyèdres

Un polyèdre peut être décrit comme l'ensemble de solutions d'un système d'inégalités, ainsi que comme la somme d'un ensemble de sommets plus un cône.

Représentation par un système de contraintes :
L'ensemble de solutions $\{x_1, x_2, \ldots, x_n\} \subseteq \mathbb{R}^C$ du système d'inégalités linéaires :

$$Ax \leq b, \quad A \in \mathbb{R}^{L \times C}, \quad x \in \mathbb{R}^C, \quad b \in \mathbb{R}^L$$

est un ensemble convexe (c'est à dire, il contient avec n'importe quelle paire de points x, y, le segment entier $[x, y]$ reliant ces deux points).

En effet, soit $x, y \in \mathbb{R}^C$ deux solutions du système précédent, on veut montrer que tout point $z = \lambda x + (1 - \lambda y)$ avec $0 \leq \lambda \leq 1$ est aussi une solution du système. On a donc :

$$\begin{cases} A_{l,C} x_C \leq b_l, \\[2mm] A_{l,C} y_C \leq b_l. \end{cases} \qquad \forall l \in L,$$

Par conséquent, en prémultipliant ces inégalités par des réels non-négatifs λ et $1 - \lambda$, et en faisant la somme, on obtient :

$$\lambda A_{l,C} x_C + (1 - \lambda) A_{l,C} y_C \leq \lambda b_l + (1 - \lambda) b_l = b_l.$$

Chaque inégalité du système précédent définit dans $\mathbb{R}^C$ un demi-espace fermé : $\delta = (A_{l,C} x_C \leq b_l)$. L'intersection de deux demi-espaces fermés : $\delta^+ = (A_{l,C} x_C \leq b_l)$ et $\delta^- = (A_{l,C} x_C \geq b_l)$ définit dans $\mathbb{R}^C$ un hyperplan. Un tel hyperplan correspond à la contrainte $A_{l,C} x_C = b_l$.

L'ensemble des solutions des intersections de demi-espaces est un ensemble affine de $\mathbb{R}^C$. D'ici on peut voir qu'un ensemble affine est un cas particulier d'un ensemble convexe.

Représentation comme la somme d'un ensemble de sommets plus un cône : Un polyèdre peut être décrit aussi par un système générateur. Un vecteur $r \in \mathbb{R}^C$, non nul, est appelé *rayon* d'un polyèdre $P \subseteq \mathbb{R}^C$ si on a :

$$\forall x \in P, \forall \lambda \in \mathbb{R}, \lambda > 0, x + \lambda r \in P.$$

On note l'ensemble de tous les rayons du polyèdre $P \subseteq \mathbb{R}^C$ par $W = ray(P)$. Un rayon $r \in ray(P)$ est un *rayon extrême* de P s'il n'est pas une combinaison non-négative d'autres rayons de P.

Un vecteur $v \in P$ est un *point extrême* de P s'il n'est pas une combinaison convexe d'autres points de P : $\forall u, v \in P, u \neq v, x \in P, x \notin]u, v[$. L'ensemble de tous les points extrêmes du polyèdre P est noté par $V = som(P)$.

Théorème 1.5 (Minkowski-Weyl) *Tout polyèdre peut être représenté comme la somme d'une combinaison convexe de sommets et d'une combinaison non-négative de rayons. Soit donc* $W = ray(P) = \{r_j\}$ *et* $V = som(P) = \{v_k\}$, *on a :*

$$P(V, W) = \{\sum_{j=1}^{|V|} \lambda_j v_j + \sum_{k=1}^{|W|} \mu_k v_k : \lambda_j \geq 0, \mu_k \geq 0, \sum_{j=1}^{|V|} \lambda_j = 1\}.$$

1.5 Quelques opérations sur polyèdres

On peut utiliser les deux descriptions des polyèdres pour décrire des opérations d'analyse de polyèdres.

Intersection : Soient S_1 et S_2 les systèmes de contraintes définissant P_1 et P_2, alors la concaténation de ces systèmes (S_1, S_2) représente le système de contraintes de $P_1 \cap P_2$, bien entendu certaines contraintes peuvent être redondantes.

Transformation affine : Une transformation affine dans $\mathbb{R}^d$ est donné par le couple (M, T) où M est une matrice $n \times n$ et T est un vecteur de dimension n. L'image du polyèdre P par la transformation affine (M, T) est donnée par :

$$MP + T = \{Mx + T, x \in P\},$$

et donc si (V, W) est un système générateur de P, alors $(MV + T, MW)$ est un système générateur de $MP + T$. Au cas où la matrice M est inversible, la transformation préserve la minimalité des deux descriptions.

Quantification existentielle : On note $(\exists x_j)P$, le résultat de l'élimination de la k-ième variable de P par l'algorithme de Fourier, dans lequel on remplace chaque contrainte $A_{i,C+}x \leq b_i$ où le signe $+$ note les éléments positifs de la colonne C par toutes les combinaisons positives de cette contrainte avec les contraintes $A_{i,C-}x \leq b_i$ où $A_{i,c} < 0$. On "élimine" ainsi la variable x_i puisque le coefficient devant elle devient nul dans toutes les inégalités. La quantification existencielle de x_j peut être faite aussi par des systèmes générateurs par la somme de u_j et $-u_j$ où u_j est le j-ième vecteur unité de $\mathbb{R}^n$.

Test d'inclusion : Soit (V_1, W_1) le système générateur de P_1 et S_2 le système de contraintes de P_2, alors $P_1 \subseteq P_2$, si et seulement si $S_2 \subseteq S_1$.

Test de vide : Un polyèdre P est vide si et seulement si, l'ensemble de ses sommets est vide.

Si on connaît les sommets d'un polyèdre P de dimension d, et un système d'inégalités définissant P, on peut déterminer quelle est la correspondance entre sommets et facettes par l'algorithme suivant :

Algorithme
Data :
Soit $a^T x \leq b_0$ une inégalité valide pour P de dimension d.
Begin :

     E1. On choisit $k \geq d$ points $x^1, \ldots, x^n$ tous serrant cet inégalité, c.-à-d. $a^T x^j = b_0, \forall j$.

     E2. On suppose que tous ces points appartiennent aussi à un hyperplan $\alpha^T x = \alpha_0$.

     E3. Résoudre le système d'équations linéaires : $\sum_{j=1}^{d} \alpha x_j^k = a^T x \leq b_0$.

     E4. Si l'unique solution du système est $(a, b_0) = m(\alpha, \alpha_0)$, avec $m \neq 0$ alors l'ensemble des points $x^1, \ldots, x^n$ définit la facette $a^T x = b_0$.

End.

Relation d'Euler pour polytopes convexes : Soit P un polytope non-vide de dimension d avec f_0 sommets, f_1 arêtes, $\ldots$, et f_{d-1} facettes. On a :

$$f_0 - f_1 + f_2 - \ldots + (-1)^{d-1} f_{d-1} = 1 - (-1)^d.$$

Une preuve de ce résultat qui utilise le principe combinatoire d'inclusion et exclusion et la caractéristique d'Euler est donné dans [17]. Soit $A = \{H_1, \ldots, H_n\}$ un un ensemble fini d'hyperplans de $\mathbb{R}^d$, on appelle A un *arrangement* d'hyperplans de $\mathbb{R}^d$. Un tel arrangement détermine une décomposition de $\mathbb{R}^d$ en "cellules". Pour $x, y \in \mathbb{R}^d$, on écrit x y si x et y sont sur les mêmes hyperplans de A et de la même coté de tous les plans sur lesquels ils ne sont pas. C'est une relation d'équivalence dans $\mathbb{R}^d$ et les classes d'équivalence (les cellules de A) sont des polyèdres. L'union des cellules de A est un polyèdre (A-polyèdre) qui n'est pas nécessairement convexe.
Pour un arrangement A et un A-polyèdre P, qui est l'union de k cellules C_j, $j = 1, \ldots, k$, différentes entre elles, on définit la fonction :

$$\gamma(A, P) = \sum_{j=1}^{k} (-1)^{dim(C_j)}.$$

La fonction $\gamma(A, P)$ ne dépend pas de A. Pour montrer ce résultat il suffit de voir que si on ajoute un hyperplan H à l'arrangement A, la valeur de γ

reste inchangée. On a :

$$\gamma(A \cup \{H\}, P) = (-1)^{dim(C \setminus H^-)} + (-1)^{dim(C \setminus H^+)} + (-1)^{dim(C \cap H)}$$

$$= (-1)^{dim(C)} = \gamma(A, P),$$

où H^- et H^+ sont les demi-espaces fermés déterminés par H.

La fonction $\gamma(P)$ satisfait aussi le principe d'inclusion et exclusion : Si $P_1, \ldots, P_q$ sont des A-polyèdres, alors :

$$\gamma(P_1 \cup \ldots \cup P_q) =$$

$$\gamma(P_1) + \ldots + \gamma(P_q) - \gamma(P_1 \cap P_2) - \ldots + (-1)^{k-1}\gamma(P_1 \cap \ldots \cap P_q).$$

La caractéristique d'Euler est une valuation du treillis des polyèdres de $\mathbb{R}^d$. Il reste à vérifier que la relation :

$$f_0 - f_1 + f_2 - \ldots + (-1)^d f_d = 0$$

est vraie pour des cônes centrés à l'origine. Comme tout polytope de $\mathbb{R}^d$ peut être obtenu comme l'intersection d'un tel cône et un hyperplan H, il est clair que le nombre f_j de faces de dimension j (j-faces) d'un tel cône est égal au nombre des $(j-1)$-faces du polyèdre obtenu par l'intersection de H. Soit $Q = H_1^+ \cap \ldots \cap H_n^+$, où plans H_j contiennent l'origine et le $+$ indique l'un des demi-espaces ouvert borné par un tel hyperplan.

Soit $S_j = R^d \setminus H_j^+$ le demi espace ouvert qui est le complément du demi-espace qui apparaît pour l'intersection définissant Q.

Comme $\mathbb{R}^d \setminus Q = S_1 \cup \ldots \cup S_q$ en utilisant à nouveau le principe d'inclusion et exclusion, on obtient :

$$\gamma(\mathbb{R}^d \setminus Q) =$$

$$\gamma(S_1) + \ldots + \gamma(S_n) - \gamma(S_1 \cap S_2) - \ldots + (-1)^n \gamma(S_1 \cap \ldots \cap S_q).$$

Tous ces ensembles sont des polyèdres *ouverts* et comme pour l'arrangement vide $\gamma(\mathbb{R}^d) = (-1)^d$, le deuxième membre de la relation précédente devient :

$$(-1)^d (C_n^1 - C_n^2 + \ldots + (-1)^{n-1} C_n^n) = (-1)^d.$$

1.6   Quelques polytopes particuliers

Nous allons présenter ici quelques exemples particuliers de polytopes dont nous allons faire référence par la suite.

Un *d-simplexe* $\triangle_d$ est un polytope de E^d, qui est l'enveloppe convexe de $d + 1$ points affinement indépendants. Dans E^2 un simplexe $\triangle_2$ est un triangle, et dans E^3, $\triangle_3$ est un tétraèdre.

Chaque face F d'un simplexe est l'enveloppe convexe d'un sous-ensemble de ses sommets. Comme chaque sous-ensemble d'un ensemble de points affinement indépendants est affinement indépendant, F est un simplexe aussi. Par induction, on obtient que chaque k-face ($0 \leq k \leq d - 1$) de $\triangle_d$ est un k-simplexe, et chaque $k + 1$ sommets de $\triangle_d$ sont les sommets d'une k-face. Le nombre $f_k(\triangle_d)$ de k-faces de $\triangle_d$ est donc : $f_k(\triangle_d) = C_{d+1}^{k+1}$ (où C_n^k dénote le coefficient binomial).

Une *d-pyramide* sur un $(d - 1)$-polytope P est l'enveloppe convexe de P (*base* de la pyramide) et d'un point x^0 (*sommet* de la pyramide) qui n'appartient pas à l'enveloppe affine de P : $pyr(P) = conv(P \cup \{x^0\})$.

De façon similaire, on construit une *bipyramide*. Soit P un $(d - 1)$-polytope et $I = [x^-, x^+]$ un segment de droite, tel que I intersecte P dans un seul point y qui est intérieur pour le polyèdre. Une bipyramide de base P est alors : $bipyr(P) = conv(P \cup I)$.

Chaque face de $bipyr(P)$ est de l'un des trois types :
  (i) une face propre de P,
  (ii) une pyramide de base P et sommet soit x^-, soit x^+,
  (iii) l'un des sommets $\{x^-\}$ ou $\{x^+\}$.
Un exemple de bipyramide est la *bipyramide égyptienne*, $bypirEgy(K)$ dont la base est un carré K. La $bypirEgy(K)$ est donc l'*octaèdre* dans E^3. En général, si $e^1, e^2, \ldots, e^d$ sont des vecteurs linéairement indépendants dans E^d, alors $C_d^\triangle = conv\{\pm e^1, \pm e^2 \ldots, \pm e^d\}$ est appelé *d-crosspolytope*. Si, de plus, $e^1, \ldots, e^d$ sont mutuellement orthogonaux, alors $C_d^\triangle$ est dit *régulier*. Par la construction inductive de $C_d^\triangle$, comme bipyramide sur $C_{d-1}^\triangle$, on observe que le nombre de k-faces $f_k(C_d^\triangle)$ du crosspolytope $C_d^\triangle$ est donné par : $f_k(C_d^\triangle) = 2^{k+1} C_d^{k+1}$.

Définition 1.4 *Soit P un polytope. $P^\triangle$ est appelé le* **dual** *de P si les treillis des faces $\mathcal{F}(P)$ et $\mathcal{F}(P^\triangle)$ sont anti-isomorphes.*

C.-à-d., s'il existe une $1 - 1$ correspondance Ψ entre les faces de P et celles de $P^\triangle$ qui inverse l'inclusion : Quelles que soient F_1, F_2, faces de P : $F_1 \subseteq F_2$

si et seulement si $\Psi(F_1) \supseteq \Psi(F_2)$.

Le polytope dual du crosspolytope $C_d^\triangle$ est l'*hypercube* C_d (ou *d-cube*).
Le nombre de k-faces du d-cube est donné par ([5]) : $f_k(C_d) = 2^{d-k}C_d^k$,
$0 \leq k \leq d$.

Le *polytope cyclique* $C_d(t_1, t_2, \ldots, t_n) = conv\{x(t_1), x(t_2), \ldots, x(t_n)\}$, est
l'enveloppe convexe de $n > d$ points différents $x(t_1), x(t_2), \ldots, x(t_n)$, avec
$t_1 < t_2 < \ldots < t_n$, de la *coubre des moments*.
La courbe de moments $x : E \to E^d$ est définie par : $t \mapsto x(t) = (t, t^2, \ldots, t^d)$.
La courbe des moments est la plus simple courbe d'ordre d, c.-à.-d. il n'existe
pas d'hyperplan qui rencontre $x(t)$ en plus de d points.
On va décrire les sous-ensembles W de l'ensemble des sommets V de $C_d(t_1, t_2, \ldots, t_n)$
qui sont les sommets des faces du polytope cyclique.
Un polytope P est dit *simplicial* si chaque face propre de P est un simplexe.

Proposition 1.2 *Le polytope cyclique est simplicial.*

Preuve :
On va montrer que les sommets de $C_d(t_1, t_2, \ldots, t_n)$ sont en position générale.
Soit donc $W = \{x(t_0), x(t_1), \ldots, x(t_d)\}$ un sous-ensemble quelconque de V
avec $card W = d + 1$. Par le critère 1.1, W est affinement indépendant,
puisque :

$$\begin{vmatrix} 1 & t_0 & t_0^2 & \ldots & t_0^d \\ 1 & t_1 & t_1^2 & \ldots & t_1^d \\ . & . & . & . & . \\ . & . & . & \ldots & . \\ . & . & . & \ldots & . \\ 1 & t_{d-1} & t_{d-1}^2 & \ldots & t_{d-1}^d \\ 1 & t_d & t_d^2 & \ldots & t_d^d \end{vmatrix} = \Pi_{0 \leq i < j \leq d}(t_j - t_i) \neq 0.$$

$\square$

Les relations satisfaites par les f-vecteurs des polytopes simpliciales ont
été largement étudiées. Les équations de Dehn-Sommerville expriment que
le f-vecteur de tout polytope simplicial satisfait la relation :

$$\sum_{j=1}^{d-1}(-1)^j C_{j+1}^{i+1} f_j = (-1)^{d-1} f_i$$

où $-1 \leq i \leq d - 1$.

Soit K_n le graphe complet à n sommets.

Le *polytope du voyageur du commerce* [9], P_{VC} est l'enveloppe convexe des tours de K_n. Le problème du voyageur de commerce associé à K_n est de trouver le tour qui a la plus petite possible distance, où une distance est associé à chaque arête de K_n. Il a été montré [26], que le problème de déterminer si deux sommets de P_{VC} sont adjacents est NP-complet.

Le *polytope des couplages parfaits* P_{PM} [11] [12] associé à K_n, est l'enveloppe convexe des (vecteurs d'incidence des) couplages de K_n. Les couplages parfaits de K_n sont en 1-1 correspondance avec les sommets de P_{PM}. Une propriété importante de P_{PM} est : si M_1 et M_2 sont des couplages parfaits de K_n, alors les points extrêmes de P_{PM} correspondant à ces couplages sont adjacents si et seulement si la différence symétrique de M_1 et M_2 contient un cycle alterné (une arête de M_1 est suite par une arête de M_2 et inversement) simple et unique [9].

Chapitre 2

L'enveloppe convexe des plans projectifs

Dans cette partie nous étudions le plan projectif d'ordre 2 comme sous-ensembles de 7 triples de l'ensemble des 35 triples de 7 points. L'enveloppe convexe des vecteurs caractéristiques de tous ces 7 triples est décrite par ses facettes.

2.1 Introduction

Soit E un ensemble fini et D une famille finie de sous-ensembles de E. Un *plan projectif fini* $P_n(E, D)$ est une structure d'incidence (une collection d'ensembles avec une relation d'incidence entre eux) dont les éléments de E sont appelés *points* et ceux de D sont appelés *droites*.

Un plan projectif possède les trois propriétés suivantes :
- Chaque paire de points e, e' est incidente avec une seule droite.
- Chaque paire de droites d, d' est incidente avec un seul point.
- Il existe 4 points aucun triple parmi lesquels n'appartient à la même droite.

Il est facile à remarquer que ces conditions impliquent que le nombre de points est égal au nombre de droites. Pour chaque plan projectif P_n il existe un entier $n > 1$, tel que : chaque droite (point) est incident(e) avec $n + 1$ points (droites) ; il y a $n^2 + n + 1$ points dans le plan et le même nombre de droites.

Si on enlève la troisième condition, un autre objet - 1-design - satisfait les deux premières conditions ; dans ce cas D contient les deux types de sous-ensembles suivants :

Fixons $e_0 \in E$:

Toutes les paires $\{e, e_0\}$ pour $e_0 \neq e$.

Un *corps fini* est un *corps* (un ensemble dans lequel il est possible d'effectuer des additions, des soustractions, des multiplications et des divisions) commutatif, dont le cardinal est fini. Ce cardinal qui est toujours une puissance de nombre premier, détermine complétement le corps.

Dès qu'on a un corps fini à n éléments, on construit aisément un plan projectif fini au moyen de ce corps. Il suffit de considérer dans l'espace vectoriel de dimension 3 l'ensemble des sous-espaces vectoriels de dimension 1 (c'est à dire l'ensemble des droites passant par l'origine) qu'on fait correspondre à E, et l'ensemble des sous-espaces vectoriels de dimension 2 (c'est à dire l'ensemble des plans passant par l'origine) qu'on fait correspondre à D.

On vérifie aisément que ces objets ont bien les propriétés de définition d'un plan projectif fini (on peut voir notre plan comme la section de cet ensemble d'objets - droites et plans - par le plan $z = 1$). On peut compter par exemple, le nombre de points. Une droite passant par l'origine est définie par son vecteur directeur. Il y a $n^3 - 1$ vecteurs directeurs (le -1 provient du vecteur $(0, 0, 0)$). Une direction est définie à un facteur multiplicatif près, or il y a $n - 1$ nombres différents de 0 dans un corps à n éléments, d'où le nombre de points :

$$n^2 + n + 1 = \frac{n^3 - 1}{n - 1}.$$

On peut faire la même vérification pour les droites.

Un plan projectif fini d'ordre n est un *bloc design symmétrique incomplet balancé* $2 - (n^2 + n + 1, n + 1, 1)$ (Pour un ensemble de points X et entiers $k, r, \lambda \geq 1$, un 2-design est l'ensemble de k-sous-ensembles de X, appelés *blocs*, tel que chaque point est contenu dans r blocs et chaque paire de points distincts est contenu dans λ blocs).

Le plus petit plan projectif P_n est d'ordre 2, de plus, il est le seul plan projectif à être aussi un système triple de Steiner (STS). Un STS est composé d'un ensemble de s points et d'une collection de triples de ces points, tel que chaque paire de points appartient à un (seul) triple. Le nombre s de points est son ordre, et un système triple de Steiner existe si et seulement si s est congru à 1 ou 3 mod 6.

Pour chaque corps d'ordre n un plan projectif fini peut être construit. Dans les autres cas, le théorème de Bruck-Ryser[6] permet d'éliminer certaines valeurs de n : les $n \equiv 1, 2$ (mod 4) lorsque n n'est pas la somme de deux carrés, ce qui élimine 6, 14, 21, etc., mais qui n'élimine pas l'ordre 10. Le cas d'ordre 10 a été éliminé par l'équipe de Lam et al. [16] au prix de très longs calculs.

2.2 Le plan d'ordre 2 et sa matrice d'incidence

On va considérer ici les plans projectifs finis d'un point de vue purement combinatoire. On va donc considérer les droites comme des sous-ensembles de points, et de façon symmétrique les points comme des sous-ensembles finis de droites. On va montrer que cela implique essentiellement les conditions numériques d'un plan projectif fini.

2.2.1 Systèmes d'incidence

Soit donc E un ensemble fini de p points et D un ensemble fini de b droites. Considérons la droite d comprenant le plus grand nombre k de points. Chacun de ses points e est relié à tous les autres points par une droite comportant $k' \leq k$ points. Le nombre de droites contenant le point e est donc r_e avec :

$$r_e \geq \frac{p - k}{k - 1} + 1.$$

D'autre part, chacune des droites ne contenant pas le point e doit contenir un point et un seul des r_e droites le contenant. On a donc :

$$\forall e' \neq e, e' \in d, \forall d' \neq d, e' \in d', |d'| = r_e + 1,$$

chacune des droites contenant le point e doit aussi rencontrer chacune de celles rencontrant le point $e' \in d$, et donc le nombre de points de chacune de ces droites est $r_{e'} + 1$. A partir du moment où les droites contiennent au moins trois points, soient e et e' les deux premiers et e'' un des autres, le raisonnement précédent implique que le nombre de points d'une droite d'' différente de d et contenant le point e'' est :

$$|d''| = r_e + 1 = r_{e'} + 1,$$

et donc $r_e = r_{e'} = r$, et le nombre de points d'une droite $d' \neq d$ est $r + 1$. Le nombre de points est donc : $p = k + r^2$, le nombre de droites étant :

$b = kr + 1$. Chaque paire de points appartient à une droite et une seule, donc, à un facteur 2 près dans chacun des deux membres, on a :

$$kr(r+1)r + k(k-1) = (k + r^2)(k + r^2 - 1),$$

d'où $k = r + 1$, toutes les droites ont le même nombre de points, tous les points contiennent le même nombre de droites, le nombre de points est égal au nombre de droites et égal à $r^2 + r + 1$.

2.2.2 Cas du plan d'ordre 2

Le corps d'ordre 2 permet de construire le plan d'ordre 2 qui a donc 7 points et 7 droites, chaque droite contenant 3 points, chaque point étant contenu dans 3 droites. On peut faire correspondre à ce plan sa matrice d'incidence $H_{E,D}$ si-dessous dans laquelle on ne représente pas les zéros, les colonnes représentant les points et les lignes les droites :

1	1	1				
1			1	1		
1					1	1
	1		1		1	
	1			1		1
		1	1			1
		1		1	1	

Ou plus formellement :

$$\begin{cases} H_{e,d} = 1, & e \in d, \\ H_{e,d} = 0, & e \notin d, \end{cases} \quad e \in E, d \in D,$$

A toute permutation des points correspond une autre matrice représentant le même plan projectif fini. On peut voir une telle matrice comme un 7-sous-ensemble de l'ensemble des triples (sous-ensembles de trois éléments) d'un ensemble à 7 éléments. Il y a 35 triples différentes dans un ensemble à 7 éléments. Les plans projectifs d'ordre 2 que nous nous proposons d'étudier ici sont les 7-sous-ensembles de l'ensemble E des 35 triples tels que la matrice d'incidence de ces 7 triples soit celle d'un plan projectif fini d'ordre 2.

On peut compter le nombre de plans projectifs d'ordre 2. Ce n'est, **bien entendu**, pas évident de compter le nombre de plans projectifs finis d'ordre n, la réponse à cette question contient celle de l'existence d'un plan projectif d'ordre n...

Combien de ces 7-sous-ensembles forment un plan projectif fini d'ordre 2 ?
Nous verrons par la suite qu'il y en a 30.

Ce que nous souhaitons étudier, c'est les vecteurs caractéristiques de ces
7-sous-ensembles, c'est à dire pour un 7-sous-ensemble p donné, le vecteur
$x^p \in \mathbb{R}^{35}$ (indicé par les 35 triples), tel que $x_t^p = 1$ si la triple t appartient à
p et $x_t^p = 0$, sinon.

Tout ce que nous venons de dire se généralise aux autres ordres ; remarquons
que pour l'ordre suivant : 3, on a 13 points et 715 quadruples (sous-ensembles
de 4 points). L'espace qu'on considère est alors de dimension 715.

On va donc décrire le polyèdre enveloppe convexe des vecteurs caractéristiques
des plans projectifs d'ordre 2.

2.3   Le polyèdre des plans projectifs d'ordre 2

Une des premières questions qui se posent dans l'étude polyèdrale est de
trouver la plus petite variété linéaire qui contient un tel polyèdre.

Comme pour un plan projectif fini (on verra par la suite qu'il y en a 30
d'ordre 2) chaque paire de points appartient à un seul triple t, pour chaque
paire de points $\{u, v\}$ la relation suivante est satisfaite :

$$\sum_{\{u,v\} \subseteq t} x_t = 1.$$

Pour ce problème, les 21 équations précédentes sont les seules satisfaites
par tous les vecteurs caractéristiques des plans projectifs finis d'ordre 2.
Par la suite, on va confondre les plans projectifs finis et leurs vecteurs caractéristiques.

Notons A la matrice 0,1 dont les entrées sont les coefficients des 21 équations
précédentes, et $\mathbf{1} = (1, 1, \dots, 1)$. Les lignes de A sont linéairement indépendantes.
On verra dans la section suivante que toute matrice d'incidence des paires
dans les p-sous-ensembles d'un ensemble à E ($|E| \geq p + 2$) éléments est de
rang maximum.

Les plans projectifs finis sont donc les solutions de :

$$D = \{x \in \mathbb{R}^{35} | Ax = \mathbf{1}, x \in \{0, 1\}^{35}\}.$$

Nous allons étudier maintenant le polyèdre $\mathcal{P} = conv(D)$.

On va appeler $\mathbb{R}^{35}$ espace *naturel* de $\mathcal{P}$, et $\mathbb{R}^{14}$, où $\mathcal{P}$ est de dimension pleine, l'espace propre de $\mathcal{P}$.

On va caractériser l'enveloppe convexe $\mathcal{P}$ à l'aide de logiciels comme $cdd[13]$, $lrs[2]$ ou $porta[8]$. Ces logiciels donnent les sommets d'un polytope à partir de ses facettes, et inversement. Il paraît, quand même, que la dimension 35 ne peut être traité par ces logiciels, et donc on va travailler dans l'espace propre de $\mathcal{P}$, mais on reviendra dans son espace naturel pour donner une représentation plus significative de $\mathcal{P}$.

Soit T l'ensemble des triples de l'ensemble $\{1, 2, 3, 4, 5, 6, 7\}$. Pour un plan projectif fini une paire $\{u, v\}$ est contenue dans une seule droite (triple) $t \in T$, donc les 21 équations : $\sum_{\{u,v\} \subset t} x_t = 1$ sont les seules satisfaites par tout vecteur caractéristique $x \in \mathbb{R}^{35}$ d'un plan projectif fini P_n d'ordre 2.

Soit $M \subset A$, $M(21 \times 21)$ une matrice inversible, dont les colonnes sont indicées par $C \subset T$. On peut donc écrite :

$$\mathcal{P} = \{x_C = M^{-1}\mathbf{1} - M^{-1}A_{T\backslash I}x_{T\backslash C}, \quad x = (x_C, x_{T\backslash C}) \in \{0, 1\}^{35}\}. \quad (2.1)$$

On donne au logiciel le polyèdre :

$$\mathcal{P}' = \{M^{-1}A_{T\backslash C}x_{T\backslash C} \leq M^{-1}\mathbf{1}, \quad x_{T\backslash C} \geq 0\}.$$

On ne s'intéresse qu'à ses sommets entiers. Il y en a 30. On utilise à nouveau le logiciel pour obtenir l'enveloppe convexe de ces points dans $\mathbb{R}^{14}$. Il y a 155 inégalités qui définissent des facettes. Ces inégalités sont de deux types :

(C1) 35 inégalités *serrées* (satisfaites à l'égalité) par 24 plans. Ces inégalités correspondent aux contraintes de non-négativité.

(C2) 120 inégalités serrées par 14 plans. La facette correspondant à chacune de ces inégalités est simpliciale. Dans ce cas l'intersection du polyèdre et du plan par les points serrés est un simplexe (k points d'un espace à $k - 1$ dimensions en position générale).

On utilise (1) pour reconstruire le polyèdre $\mathcal{P}$ dans son espace naturel. Cependant, cette représentation n'est pas unique. Remarquons que chacune des 120 inégalités serrées par 14 plans a la propriété suivante dans $\mathbb{R}^{35}$:

Remarque 2.1 *Dans l'union des triples correspondant aux 14 plans serrant une de ces 120 inégalités, il y en a exactement 14, tels que chacun de ces 14 plans contient un seul de ces 14 triples dans cette union. Soit Y l'ensemble* de ces 14 triples, de plus, l'inégalité rapportée à $\mathbb{R}^{35}$ devient : $\sum_{t \in Y} x_t \geq 1$. De plus les triples de $Y \subset T$ sont ceux de deux plans projectifs finis d'ordre 2 disjoints.

De cette façon on représente toutes les facettes de $\mathcal{P}$ dans $\mathbb{R}^{35}$. Notons que :

Remarque 2.2 *Le nombre maximum de plans projectifs d'ordre 2 disjoints est 2. Il y a 120 tels couples de plans projectifs finis d'ordre 2.*

2.4 La variété linéaire des plans projectifs finis d'ordre n

Soit C l'ensemble des $(n+1)$-uples d'un ensemble à $n^2 + n + 1$ éléments, et L l'ensemble des paires de ce même ensemble. Soit A_{LC} la matrice d'incidence des paires appartenant à chaque $(n+1)$ sous-ensemble, alors $A_{lc} = 1$ si la paire l appartient à la $(n+1)$-uple c, sinon $A_{lc} = 0$. Les plans projectifs finis d'ordre n, s'il en existe, sont représentés par les solutions entières du système suivant :

$$P_n = \{x_C \in \mathbb{R}^C | A_{LC} x_C = \mathbf{1}\}. \tag{2.2}$$

Nous allons montrer ici que A_{LC} est de rang maximum, et plus généralement, si $M = \{1, \ldots, m\}$ est un ensemble à m éléments, et B est la matice d'incidence des pairs de M dans les p-uples de M, alors on a :

Proposition 2.1 *Le rang de B est C_m^2, le nombre de ses lignes.*

Preuve :
Considérons d'abord le cas où $m = p + 2$. Dans ce cas indicer la p-uple $c \subset M$ par la paire $c' = M \setminus c$. Donc B_{LL} est une matrice carrée avec des lignes et colonnes indicées par le même ensemble L des paires de M. Cette matrice est symmétrique. B_{ij}, l'élément indicé en ligne par la paire i et en colonne par la paire j qui correspond à la p-uple $M \setminus j$, est égal à 1 si les paires i et j sont disjointes et à 0 sinon. Appelons J_{LL} la matrice avec toutes les entrées égal à 1 et I_{LL} la matrice identité. Soit n_0 le nombre d'élément communs de deux lignes de B_{LL} indicées par deux paires disjointes, n_1 celui de deux lignes indicées par deux paires ayant un élément en commun et n_2 le nombre d'éléments d'une ligne. On peut donc écrire :

$$\begin{aligned} B_{LL}^2 &= (n_2 - n_1) I_{LL} + n_1 J_{LL} + (n_1 - n_0) B_{LL}, \\ B_{LL} J_{LL} &= n_0 J_{LL}, \\ B_{LL} I_{LL} &= B_{LL}. \end{aligned} \tag{2.3}$$

En exprimant l'inverse B'_{LL} de B_{LL} comme une combinaison linéaire de ces trois matrices, $B'_{LL} = \alpha B_{LL} + \beta J_{LL} + \gamma I_{LL}$, on peut calculer les trois coefficients α, β et γ, en montrant ainsi l'existence de B'_{LL}.

Nous allons étudier maintenant le cas où $m > p + 2$ avec une preuve dans l'esprit des résultats précédents. Pour ceci considérons la matrice transposée B^t_{LC} de B_{LC}. Cette matrice peut être vue comme la matrice d'incidence d'arêtes des p-cliques du graphe complet K_m. Les lignes de cette matrice sont les vecteurs caractéristiques des p-cliques, ces vecteurs caractéristiques satisfont évidemment l'égalité $\sum_{l \in L} x_l = \frac{p(p-1)}{2}$. Nous allons montrer maintenant qu'il n'y pas d'autre égalité satisfaite par toutes ces cliques, ce qui va montrer le résultat.

Supposons que ce n'est pas vrai et que toutes les cliques satisfont aussi :

$$\sum_{l \in L} \alpha_l x_l = \beta.$$

On peut choisir un ensemble V à $k+2$ sommets de K_m et ensuite on considère les k-cliques C dont les sommets sont dans V ; soit E l'ensemble d'arêtes de C. On note B_{LL} la matrice d'incidence d'arêtes correspondante et comme avant B_{LL} is inversible, donc les coefficients α_e pour $e \in E$ sont tous égal à $\frac{\beta}{|E|}$. En utilisant l'équation, on peut fixer un α_e à 0, donc tous les α_e sont égal à 0, et aussi β. Chaque procédure permettant de couvrir l'ensemble d'arêtes de K_m par une séquence ordonnée $C_1, C_2, ...$ de k-cliques, commençant par C, telle que pour $i \geq 1$, C_i et C_{i+1} ont (au moins une) arête en commun permet de montrer que les coefficients α_e des arêtes de chaque consécutive k-clique sont aussi zéro. Ceci montre qu'une telle équation n'existe pas.

Pour montrer ce résultat comme dans le premier cas, on va considérer, pour $n > k + 2$, le produit $B_{LC}B^t_{LC}$ à la place de B_{LL}, où B^t_{LC} est la matrice transposée de B_{LC}. On étudie ce produit puisque la matrice B_{LC} n'est plus carrée.

Soit donc B_{LC} la matrice d'incidence des paires dans les p-uples de l'ensemble M, et $m \geq p + 2$. Considérons la ligne B_{lC} indicée par la paire a, b. Il y a donc C^{p-1}_{n-1} p-uples contenant a. Parmi ces p-uples C^{p-2}_{n-2} contiennent aussi b. De la même façon, le nombre commun à deux lignes avec un élément en commun est C^{p-3}_{n-3}, et celui de deux lignes disjointes est C^{p-4}_{n-4}. On peut exprimer la matrice inverse de $B_{LC}B^t_{LC}$ comme combinaison linéaire des trois matrices B_{LC}, I_{LL} et J_{LL}. $\square$

On a considéré la matrice d'incidence arêtes-cliques B_{LC}^t du graphe complet K_m dans la preuve du résultat précédent. On va étudier mainteant le voisinage des sommets du polyèdre des k-cliques (cliques à k sommets) du graphe complet.

Chapitre 3

Le voisinage des polyèdres des k-cliques

Dans cette partie nous étudions le *voisinage* du polyèdre P_{kn}^2 des k-cliques du graphe complet K_n à n sommets. nous montrons que ce polyèdre est 3-*neighbourly*. Suivant une remarque de Pierre Duchet nous généralisons partiellement ce résultat sur les polyèdres des k-cliques des hypergraphes complets r-uniformes, P_{kn}^r. Nous étudions ensuite le voisinage de P_{kn}^r par un modèle de programmation linéaire en nombres entiers qui nous donne cette valeur. On peut donc donner une borne supérieure du voisinage de tout polyèdre P_{kn}^r. La preuve de ce résultat utilise une interprétation d'un ensemble minimum de cliques qui ne définissent pas de face de P_{kn}^r en termes d'un stable maximum particulier du graphe dual de l'hypercube unité de dimension $(r+1)$.

3.1 Introduction

Soit $G = (X, E)$ un graphe d'ensemble de sommets X et d'ensemble d'arêtes E à n sommets, et K la collection de ses cliques à k sommets. Le polyèdre des k-cliques, P_{kn}^2, est l'enveloppe convexe des vecteurs d'incidence des arêtes des k-cliques de G. Pour $C \in K$, $x_{ij} = 1, \{i, j\} \in C$ et $x_{ij} = 0, \{i, j\} \notin C$.

Un polyèdre est dit h-*neighbourly* si chaque sous-ensemble de h sommets forme une $(h-1)$-face propre du polyèdre. Pour un polyèdre h-neighbourly chaque h sommets sont affinement indépendants, et, de plus, pour chaque j inférieur ou égal à h, un tel polyèdre est aussi j-neighbourly.

Bien entendu un tel polyèdre est 2-neighbourly. Soit α_E le vecteur d'incidence de l'union de deux cliques différentes C_1 et C_2. L'hyperplan H défini par l'équation $\alpha_E x_E = \frac{k(k-1)}{2}$ est de façon évidente un hyperplan support pour les deux k-cliques C_1 et C_2; chaque k-clique C différente de C_1 et C_2 a (au moins) une arête à l'extérieur de l'union de ces deux k-cliques, donc son vecteur caractéristique n'appartient pas à H; de plus tous ces vecteurs caractéristiques sont du même côté de H.

3.2 Le voisinage des polyèdres des k-cliques

Dans cette section, après avoir montré certains résultats techniques sur le rang de la matrice d'incidence cliques-arêtes, nous allons commencer par montrer que les polyèdres des k-cliques ne peuvent être de voisinage 4.

3.2.1 Le rang de la matrice d'incidence des k-cliques

Pour $n = k + 2$, chaque k-clique C peut être indicé par la (seule) arête $e \in K_n$ disjointe de C. Soit A_{EE} la matrice d'incidence des k-cliques de K_n, A_{EE} est symmétrique. La matrice A_{EE}, le carré de A_{EE}, le produit de A_{EE} par la matrice J_{EE} pleine de 1's, et avec la matrice d'identité I_{EE}, permet d'exprimer A_{EE}^{-1} l'inverse de A_{EE} en terme de ces matrices, et de montrer ainsi que A est de plein rang [23].

Sans perte de généralité, considérons les 4-cliques de $K_n = (X, E)$ avec $n \geq 6$. Nous allons montrer que l'unique équation satisfaite par toutes ces cliques est : $\sum_{e \in E} x_e = 6$ $(= \frac{4(4-1)}{2})$. Supposons que c'est vrai pour $n = 6$, comme nous avons affirmé précédemment, et soit $n > 6$.
Supposons que ces 4-cliques satidfont aussi l'équation :

$$\sum_{e \in E} \alpha_e x_e = \beta.$$

Considérons toutes les 4-cliques d'un K_6 de K_n, le résultat pour K_6, implique que leurs vecteurs caractéristiques sont égaux entre eux. Supposons que toutes ces 4-cliques satisfont aussi l'équation supplémentaire, il s'en suit que les α_e de ce K_6 sont tous égaux entre eux. Soit α cette valeur, on a donc $\beta = 6\alpha$. Comme ces 4-cliques satisfont aussi $\sum_{e \in E} x_e = 6$ on peut fixer un α_e à 0, les α_e pour $e \in E(K_6)$ sont alors tous 0, ainsi que les β.
Les α_e sont tous égaux sur les arêtes de chaque clique K_6. Si on choisit un

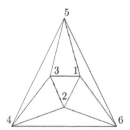

FIG. 3.1 – L'octaèdre et les 3-cliques exposées.

chemin composé de K_6 qui contient une arête de la K_6 précédente qui couvre toutes les arêtes, on peut montrer que les α_e sont tous égaux à 0, ce qui finit la preuve. En utilisant le même argument, on peut montrer que :

Théorème 3.1 *Pour $n > k+2$, les vecteurs caractéristiques des cliques K_k de K_n satisfont l'unique équation $\sum_{e \in E} x_e = \frac{k(k-1)}{2}$.*

3.2.2 P_{kn}^2 ne peut être de voisinage 4

Proposition 3.1 *Pour chaque graphe complet K_n, et chaque clique de dimension $k \leq n - 3$, il existe 4 k-cliques telles que chaque hyperplan qui contient ces cliques, contient aussi 4 k-cliques, différentes des premières.*

Preuve :
Considérons le graphe $G = (X, E)$ avec ensemble de sommets $X = \{1, 2, 3, 4, 5, 6\}$ et ensemble d'arêtes :

$$E = \{12, 23, 13, 45, 56, 46, 15, 16, 26, 24, 34, 35\}.$$

Il n'existe pas de hyperplan H qui expose les triangles (3-cliques) :

$$\{1, 5, 6\}, \{2, 6, 4\}, \{3, 4, 5\}, \{1, 2, 3\}.$$

sans exposer les autres :

$$\{1, 2, 6\}, \{2, 3, 4\}, \{3, 1, 5\}, \{4, 5, 6\}.$$

Supposons le contraire, on denote α_e le coefficient sur l'arête e de H, qui est défini par l'équation :

$$\sum_{e \in E} \alpha_e x_e = \beta.$$

On a donc :

- $\alpha_{15} + \alpha_{16} + \alpha_{56} = \beta$,
- $\alpha_{26} + \alpha_{24} + \alpha_{64} = \beta$,
- $\alpha_{34} + \alpha_{35} + \alpha_{45} = \beta$,
- $\alpha_{12} + \alpha_{23} + \alpha_{13} = \beta$,

et

- $\alpha_{12} + \alpha_{16} + \alpha_{26} < \beta$,
- $\alpha_{24} + \alpha_{23} + \alpha_{34} < \beta$,
- $\alpha_{35} + \alpha_{13} + \alpha_{15} < \beta$,
- $\alpha_{45} + \alpha_{56} + \alpha_{46} < \beta$.

Comme les deux groupes de triangles partagent les mêmes arêtes, la somme de ces relations mène à la contradiction : $\beta < \beta$, ce qui résout le cas de K_6. On ajoute ensuite le sommet 7 et on le connecte aux six autres sommets. Les huit triangles précédents deviennent huit 4-cliques. La première égalité, par exemple, est :

$$\alpha_{15} + \alpha_{16} + \alpha_{56} + \alpha_{71} + \alpha_{76} + \alpha_{75} = \beta.$$

Dans les listes de quatre 4-cliques correspondant, chacune des 6 arêtes $\{7, 1\}$, $\{7, 2\}$, $\{7, 3\}$, $\{7, 4\}$, $\{7, 5\}$, $\{7, 6\}$ apparaît dans deux triangles adjacents, et donc si on fait la somme des quatre égalités (resp. inégalités) chacun des α_{7i} apparaît deux fois, ce qui mène à la même contradiction et résout le cas de K_7.

Quand on a $k - 3$ sommets comme le sommet 7, les triangles deviennent des k-cliques, et, chaque arête de la forme $\{i + 6, j\}$ avec $j \in \{1, 2, 3, 4, 5, 6\}$ apparaît deux fois dans les deux listes de k-cliques, et chaque arête de la forme $\{i + 6, j + 6\}$, qui sont communes à toutes les cliques, apparaît quatre fois, et donc on obtient la même contradiction, ce qui résout le cas général. □

3.2.3   Le voisinage 3

Dans cette sous-section nous allons montrer :

Théorème 3.2 *Chaque 3 k-cliques forment toujours une face de P_{kn}^2.*

Preuve :
L'argument suivant sera utilisé :
Pour chaques trois k-cliques C_1, C_2 et C_3, il existe toujours un hyperplan d'appui H qui est support pour ces trois k-cliques et qui ne l'est pour aucune

autre k-clique. Toutes les autres cliques sont strictement dans l'un des deux demi-espaces définis par H. Soit H, un tel plan d'appui, défini par l'équation : $\alpha_E x_E = \beta$. On a donc :

$$\forall C \in \{C_1, C_2, C_3\}, \sum_{e \in E(C)} \alpha_e = \beta,$$

et,

$$\forall C \notin \{C_1, C_2, C_3\}, \sum_{e \in E(C)} \alpha_e < \beta.$$

Le système précédent n'a pas de solution s'il existe des multiplicateurs négatifs $\lambda_1, \lambda_2, \lambda_3$ des trois équiation, et multiplicateurs positifs μ des inéquations, tels qu'on ait la contradiction $\beta < \beta$.

A chaque k-cliques C on associe son vecteur caractéristique x^C. Considérons le graphe avec des valeurs $\lambda_1 x^{C_1} + \lambda_2 x^{C_2} + \lambda_3 x^{C_3}$ assignées à ses arêtes. On va montrer :

Proposition 3.2 *L'unique ensemble K de k-cliques C tel que ses vecteurs caractéristiques multipliés par les scalaires $\mu > 0$ qui égalise la partie gauche du système est l'ensemble $\{C_1, C_2, C_3\}$.*

Preuve :

Lemme 3.1 *Pout tout i dans $\{1,2,3\}$, l'ensemble des sommets $V(C_i)$ de C_i est contenu dans l'union des ensembles des sommets des deux autres.*

Preuve :
Supposons qu'une de ces cliques (sans perte de généralité C_1) contient un sommet v qui n'est pas dans l'union des sommets de C_2 et C_3. L'étoile pour ce sommet : $\{e \in E(C_1) = \{v, u\}, u \in V(C_1) \setminus \{v\}\}$ peut être uniquement dans C_1, et donc le multiplicateur pour ces arêtes doit être λ_1, ce qui peut être réalisé uniquement par C_1. Le même argument peut être utilisé ainsi pour C_2, ce qui implique $\lambda_2 = -\mu_2$ et $\lambda_3 = -\mu_3$.
Puisque pour chaque deux r-cliques différentes il y a toujours au moins un sommet contenu dans l'une des cliques et pas dans l'autre, on peut conclure que les sommets de chacune de ses trois k-cliques C_1, C_2 et C_3 doivent être inclus dans l'union des deux autres. □

Notons $E(C_{1,2,3})$ les arêtes (des cliques) communes à C_1, C_2 et C_3, $E(C_{i,j})$ avec $i, j \in \{1, 2, 3\}$ les arêtes communes à C_i et C_j et pas dans $E(C_{1,2,3})$.

Dans une écriture analogue, pour le reste de la preuve, $E(C_j)$ va dénoter les arêtes appartenant uniquement à C_j, pour $j \in \{1, 2, 3\}$, et pas à d'autre C_i.

Remarque 3.1 *Supposons que $E(C_{1,2,3}) \neq \emptyset$, chaque clique $C \notin \{C_1, C_2, C_3\}$ avec coefficient $\mu_C > 0$ contient $E(C_{1,2,3})$. Les coefficients des arêtes de $E(C_{1,2,3})$ sont $\lambda_1 + \lambda_2 + \lambda_3$, comme la somme des μ_C est égale à $\lambda_1 + \lambda_2 + \lambda_3$, chaque C avec $\mu_C > 0$ contient $E(C_{1,2,3})$.*

Comme conséquence, on obtient que si k, la dimension des sommets du clique, est impaire (resp. paire) : $\mid V(C_1) \cap V(C_2) \cap V(C_3) \mid$, est impaire (resp. paire).

Lemme 3.2 *Chaque clique $C \notin \{C_1, C_2, C_3\}$ avec $\mu_C > 0$ contient $E(C_{1,2,3})$.*

Preuve :
La remarque précédente permet de considérer le cas unique où $\mid C_{1,2,3} \mid = 1$.
Soit v l'ensemble de sommet communs de C_1, C_2 et C_3. Les arêtes entre v et les autres sommets ont, comme celles de $C_{i,j}$, un poids de $\lambda_i + \lambda_j$, et donc un poids total de $2(\lambda_1 + \lambda_2 + \lambda_3)$. Comme dans la remarque précédente, ce poids total ne peut être atteinte par la somme des μ_C sauf si toutes ces cliques $C \notin \{C_1, C_2, C_3\}$ contiennent v. $\square$

Cependant, à partir d'une solution (un contre exemple) pour les cliques de k sommets, avec $V(C_{1,2,3}) \neq \emptyset$, on peut déduire une autre pour celles dont les sommets sont : $k- \mid V(C_{1,2,3}) \mid$. En ajoutant à chaque clique de cette solution les sommets de $C_{1,2,3}$, on obtient une nouvelle solution. On va donc considérer uniquement les contre-exemples avec $V(C_{1,2,3}) = \emptyset$.

Remarque 3.2 *Une conséquence directe est que le théorème 3.2 est vrai pour $k = 3$, comme l'enveloppe convexe des 2-cliques (les arêtes) du graphe complet est un simplexe et est donc (n)-neighbourly.*

Remarque 3.3 *Les arêtes de C_j sont celles du graphe complet biparti, dont les sommets, pour C_1 par exemple, sont : $V(C_1 \cap C_2) \setminus V(C_{1,2,3})$ et $V(C_1 \cap C_3) \setminus V(C_{1,2,3})$.*

Remarque 3.4 *Notons que dans ce cas k est pair et $\mid V(C_{i,j}) \mid = \frac{k}{2}$.*

Preuve :
Soit $r = \mid V(C_{i,j}) \mid$, pour $l \neq i, j$, $V(C_l) = (V(C_i) \setminus V(C_{i,j})) \cup (V(C_i) \setminus V(C_{i,j}))$, et donc $\mid V(C_l) \mid = 2(k-r)$. Comme $\mid V(C_l) \mid = k$, $r = \frac{k}{2}$. $\square$

Remarque 3.5 *Chaque k-clique C contenue dans $C_1 \cup C_2 \cup C_3$ et non égale à une d'elles, a un certain sommet dans chaque $V(C_{i,j})$. Par conséquent, C a strictement moins d'arêtes dans $\bigcup_{i,j} C_{i,j}$ que les cliques C_i qui ont $\frac{r(r-1)}{2}$ arêtes dans cet ensemble.*

Appelons maintenant C_i uen clique différente de C_1, C_2, C_3, et appelons $p_i = | V(C_{1,2}) |$, $q_i = | V(C_{2,3}) |$ et $s_i = | V(C_{1,3}) |$ avec $p_i + q_i + s_i = k$. Le nombre d'arêtes de C_i dans $E(C_1)$ est $p_i s_i$, dans $E(C_2)$ est $p_i q_i$ et dans $E(C3)$ est $q_i s_i$.

Respectivement, le nombre d'arêtes de C_i dans $E(C_{1,2})$ est $\frac{1}{2} p_i(p_i - 1)$, dans $E(C_{2,3})$ est $\frac{1}{2} q_i(q_i - 1)$ et dans $E(C_{1,3})$ is $\frac{1}{2} s_i(s_i - 1)$.

Nous allons exprimer maintenant le fait que la somme des poids μ_i des arêtes de $E(C_1)$ (resp. $E(C_2)$, $E(C_3)$) est $-\lambda_1 r^2$ (resp. $-\lambda_2 r^2$, $-\lambda_3 r^2$) :

$$\sum_{C_i} \mu_i p_i s_i = -\lambda_1 r^2,$$

$$\sum_{C_i} \mu_i p_i q_i = -\lambda_2 r^2,$$

$$\sum_{C_i} \mu_i q_i s_i = -\lambda_3 r^2.$$

Respectivement, on a pour les poids des arêtes de $C_{1,2}$ (resp. $C_{2,3}$, $C_{1,3}$) :

$$\sum_{C_i} \mu_i \frac{1}{2} p_i(p_i - 1) = -\frac{1}{2} r(r - 1)(\lambda_1 + \lambda_2),$$

$$\sum_{C_i} \mu_i \frac{1}{2} q_i(q_i - 1) = -\frac{1}{2} r(r - 1)(\lambda_2 + \lambda_3),$$

$$\sum_{C_i} \mu_i \frac{1}{2} s_i(s_i - 1) = -\frac{1}{2} r(r - 1)(\lambda_1 + \lambda_3).$$

Et donc :

$$\frac{1}{r^2} \sum_{C_i} \mu_i(p_i s_i + p_i q_i + q_i s_i) = -(\lambda_1 + \lambda_2 + \lambda_3),$$

$$\frac{1}{r(r - 1)} \sum_{C_i} \frac{\mu_i}{2}(p_i(p_i - 1) + q_i(q_i - 1) + s_i(s_i - 1)) = -(\lambda_1 + \lambda_2 + \lambda_3).$$

Nous allons montrer que :

$$\frac{1}{r(r - 1)} \sum_{C_i} \frac{\mu_i}{2}(p_i(p_i-1) + q_i(q_i-1) + s_i(s_i-1)) < \frac{1}{r^2} \sum_{C_i} \mu_i(p_i s_i + p_i q_i + q_i s_i),$$

sauf si pour toute clique C_i, un des p_i, q_i ou s_i est égal à 0. La dernière inégalité se réécrit :

$$\sum_{C_i} \mu_i(r^2(p_i(p_i-1)+q_i(q_i-1)+s_i(s_i-1))-2r(r-1)(p_is_i+p_iq_i+q_is_i)) < 0,$$

donc, en remplaçant $p_i^2+q_i^2+s_i^2$ by $(p_i+q_i+s_i)^2-2(p_iq_i+p_is_i+q_is_i)$, et en utilisant le fait que $p_i+q_i+s_i = 2r$, on a :

$$\sum_{C_i} \mu_i(2r^2-r)(r^2-(p_iq_i+p_is_i+q_is_i)) < 0,$$

Ce qui est vrai par la concavité de la fonction $p_iq_i+p_is_i+q_is_i$ sous les conditions $p_i+q_i+s_i = 2r$ et $p_i, q_i, s_i \le r$ (éliminer s par instance. . .).

Par conséquent, dans l'ordre que le premier membre de la somme des vecteurs caractéristiques des cliques dans K pondérées par μ égalise celle de la somme des vecteurs caractéristiques des cliques C_1, C_2, C_3 pondérées par $\lambda_1, \lambda_2, \lambda_3$, aucune clique $C \in K$ ne peut avoir de sommet dans chaque $V(C_{i,j})$. Par la remarque précédente, les cliques dans K sont C_1 ou C_2 ou C_3, ce qui preuve la proposition. $\square$

Et donc, trois k-cliques forment toujours une face, ce qui prouve le théorème. $\square$

Remarque 3.6 *Pour $k = 3$, chaque contre-exemple se réduit à des 2-cliques de K_n qui forment un simplexe qui est toujours $\frac{n(n-1)}{2}$-neighbourly. Pour $k = 4$, la matrice d'incidence des 4-cliques de K_6 est carrée et régulière, donc les colonnes de cette matrice ne peuvent être linéairement dépendantes, comme elles pourraient l'être si l'on pouvait exprimer celles correspondant à C_1, C_2 et C_3 en fonction de celles correspondant à C_i, pour $i \notin \{1, 2, 3\}$.*

3.3 k-cliques dans les hypergraphes r-uniformes complets

Dans cette section, nous généralisons partiellement le résultat précédent sur les k-cliques des graphes complets à des hypergraphes r-uniformes.

3.3.1 Un modèle d'optimisation combinatoire

Soit $K_n^r = (X, E)$ un hypergraphe complet r-uniforme, avec $n = |X|$ et $E = \{e \subset X, |e| = r\}$. K_n^r a C_n^r arêtes ; une k-clique, un sous-graphe K_k^r

de K_n^r, contient C_k^r arêtes. Comme avant nous allons étudier le voisinage de l'enveloppe convexe P_{kn}^r de ces k-cliques. Caractérisons d'abord un ensemble J de k-cliques qui ne peut former une face. Nous allons dénoter par I l'ensemble de toutes ces k-cliques, le vecteur caractéristique d'une k-clique C de I est noté X^C.

Remarque 3.7 *Soit $J \subset I$ d'ensemble d'arêtes A, et $C \in I$ une clique contenant une arête $e \notin A$, alors C n'est pas dans l'enveloppe affine de J.*

Preuve :
Soit H l'hyperplan engendré par les vecteurs caractéristiques des cliques dans J : $H = aff(\{X^C, C \in J\})$. Puisque $\forall C \in J, |C \bigcap\{e\}| = \emptyset$, l'hyperplan H est parallel à l'axe e dans l'espace E_A engendré par les arêtes de J. $\square$

Proposition 3.3 *Les k-cliques de J définissent une face de P_{kn}^r si et seulement si le système :*

$$\sum_{e \in E} \alpha_e X_e^C = \beta, \forall C \in J,$$

$$\sum_{e \in E} \alpha_e X_e^C < \beta, \forall C \in I \setminus J,$$

a une solution (α_E, β).

Ce n'est qu'un réphrasage de la définition de face polyèdrale.

Considérons les conditions qui impliquent qu'un tel système n'a pas de solution. Nous allons supposer que α_e et β sont tous positifs, puisqu'on peut toujours ajouter un multiplicateur de l'équation de l'unique plan contenant toutes ces k-cliques.

Un tel système n'a pas de solution si et seulement si il existe λ_C non tous nul (qu'on peut prendre ici ≥ 0) et $\mu_C \geq 0$ tel que le système :

$$\forall e \in E, \sum_{C \notin J} \mu_i X_e^C - \sum_{C \in J} \lambda_j X_e^C \geq 0, \tag{3.1}$$

$$\sum_{C \notin J} \mu_C \beta - \sum_{C \in J} \lambda_C \beta = 0. \tag{3.2}$$

a une solution.

A partir de la dernière équation (3.2) on peut déduire que $\sum_{C \notin J} \mu_C = \sum_{C \in J} \lambda_C$. Appelons E_J le support des k-cliques de J, qui est le sous-hypergraphe de K_n^r des arêtes de K_n^r contenues dans l'une des k-cliques de J, et considérons pour une solution de ce système l'ensemble I_+ des k-cliques de $I \setminus J$ tel que $\mu_C > 0$. Montrons que :

Proposition 3.4 *Le système précédent* (3.1), (3.2) *possède une solution si et seulement si les k-cliques de I_+ ont toutes leurs arêtes $e \in E_J$.*

Preuve :
Supposons que ce n'est pas vrai et qu'il y a une k-clique $C \notin J$ telle que $\mu_C > 0$ a une arête $e_0 \notin E_J$.
Si on ajoute la deuxième partie des inégalités (3.1) dans E_J, on a :

$$\sum_{C \in J} \lambda_C X_e^C = C_k^r \sum_{C \in J} \lambda_C.$$

De façon analogue, si on somme sur E dans le graphe complet cette fois, la première partie de ces mêmes inégalités (3.1) on obtient :

$$\sum_{C \notin J} \mu_C X_e^C = C_k^r \sum_{C \notin J} \mu_C.$$

Puisque au moins une k-clique telle que $\mu_C > 0$ contient une arête $e_0 \notin E_J$, nous aurons que, pour les arêtes de E_J, la somme de ces premières parties est inférieure à $C_k^r \sum_{C \notin J} \mu_C$.
Comme $\sum_{C \in J} \lambda_C = \sum_{C \notin J} \mu_C$, la somme sur E_J des premiers membres des inégalités (3.1) est négative. Si le système (3.1), (3.2) a une solution, cette somme doit être positive ou nulle, une contradiction. $\square$

Pour la même raison, il n'y a pas d'arête de $e \in E_J$ pour laquelle :

$$\sum_{C \in J} \lambda_C X_e^C < \sum_{C \notin J} \mu_C X_e^C,$$

sinon, il y aura une autre arête $e' \in E_J$ telle que :

$$\sum_{C \in J} \lambda_C X_{e'}^C > \sum_{C \notin J} \mu_C X_{e'}^C,$$

et le système (3.1), (3.2) serait impossible.
Comme toutes les inégalités (3.1) doivent être satisfaites si ce système possède une solution, le plus petit nombre de k-cliques qui ne peuvent former une face est le plus petit nombre (≥ 1) de cliques, tel que l'union de ses arêtes peut être couverte par un sous-ensemble de k-cliques qui sont contenues dans cette union et sont disjointes des cliques précédentes. Ceci nous mène au modèle suivant, ou C_k est l'ensemble des k-cliques de l'hypergraphe complet

r-uniforme :

$$\begin{cases} \min \sum_{i \in C_k} x_i, \\ \sum_{e \in K_i} x_i = \sum_{e \in K_i} y_i, \forall e \in E, \\ x_i + y_i \leq 1, \forall i \in C_k, \\ \sum_{e \in K_i} x_i \geq 2, \\ x_i \in \{0, 1\}, \ y_i \geq 0. \end{cases} \qquad (3.3)$$

La valeur -1 de la fonction objective de ce système est le voisinage du polyèdre P_{kn}^r.

3.3.2 Résultats expérimentaux

Le modèle précédent nous permet de donner le voisinage des polyèdres de certains hypergraphes r-uniformes, ces résultats sont présentés dans le tableau suivant :

$n \geq 2(r+1)$	k	r	$neighbourlicity$
$\geq k + 3$	≥ 3	2	3
8	4	3	7
8	5	3	7
10	5	3	7
10	6	3	7
10	5	4	15
10	6	4	15
12	6	4	15

3.4 Voisinage polyèdral et hypercube unité

Montrons qu'une borne supérieure de voisinage de P_{kn}^r peut être obtenue à partir de l'hypercube unité avec $2n$ facettes.

Soit K_{2n}^{n-1} l'hypergraphe complet $(n-1)$-uniforme à $2n$ sommets, $X(K_{2n}^{n-1})$ son ensemble de sommets, et $E(K_{2n}^{n-1})$ son ensemble d'arêtes.
Considérons maintenant l'hypercube Q_n et l'étiquetage naturel de ses sommets par leurs coordonnées.
Bien sûr, les facettes du Q_n étiqueté peuvent être étiquetées par les $2n$ $(\ ,\ ,...,1,...)$ et $(\ ,\ ,...,0,...)$ qui sont les $2n$ sommets de K_{2n}^{n-1}.
Un sommet de l'hypercube peut être interprété comme un n-sous-ensemble des sommets de K_{2n}^{n-1} défini par les n facettes qui s'intersectent dans ce sommet. De plus, les arêtes de l'hypercube peuvent aussi être interprétées

comme certains $(n-1)$-sous-ensembles de l'ensemble des sommets de K_{2n}^{n-1}, et donc comme des arêtes de ce même hypergraphe. De plus, à nouveau l'ensemble de ces arêtes ayant un sommet **de l'hypercube** en commun sont exactement l'ensemble des $(n-1)$-sous-ensembles du n-sous-ensemble défini par ce sommet de l'hypercube.

Par conséquent, ce sommet de l'hypercube peut être interprété comme une n-clique de l'hypergraphe K_{2n}^{n-1}.

Remarque 3.8 *L'ensemble des sommets du Q_n étiqueté par des étiquettes ayant un nombre pair de 1 (resp. impair) forme un ensemble stable du graphe dual de Q_n. Ce stable contient 2^{n-1} sommets.*

Comme un tel ensemble de sommets forme un stable, une arête de l'hypercube (correspondant à une arête de K_{2n}^{n-1}) apparaît une seule fois comme adjacent de sommets de ce stable. De plus, ces deux stables étant complémentaires, l'autre stable partage exactement les mêmes arêtes adjacentes c'est à dire toutes les arêtes de l'hypercube.

Proposition 3.5 *Une borne supérieure de voisinage pour P_{k2n}^{n-1} est de $2^{n-1} - 1$.*

Preuve :
C'est la cardinalité moins 1 d'un tel ensemble stable, les n-cliques correspondant ne peuvent donner de face du polyèdre P_{n2n}^{n-1}. $\square$

Chapitre 4

Certains modèles pour plans projectifs

Dans cette section nous décrivons certains modèles d'optimisation combinatoire dont la solution est un plan projectif, ou bien est proche d'un plan. Nous étudions aussi le nombre de leurs variables.

4.1 Introduction

Un plan projectif fini est une paire $P(E, D)$ d'un ensemble fini de points E et d'un ensemble fini de droites D, tel que :

- chaque paire de points définit une droite, c'est à dire est contenue dans une seule droite,
- chaque paire de droites définit un point, c'est à dire s'intersecte dans un seul point,
- chaque droite a le même nombre de points, ou de façon équivalente par chaque point passent le même nombre de droites.

Ces conditions impliquent que le nombre de points dans un plan projectif est égal au nombre de droites et égal à $n^2 + n + 1$. Evidemment, avec un corps fini d'ordre n on peut construire un plan projectif fini. Ils existent certains objets comme quasi-corps, semi-corps, mais tous d'un ordre pour lequel il y a un corps qui permettent de construire des plans projectifs non-désarguiens. D'autre part, d'après le théorème de Bruck-Ryser [6] si $n \equiv 1, 2 \ mod \ 4$ et n n'est pas la somme de deux carrées, alors n ne peut être l'ordre d'un plan projectif.

La suppression d'une droite et de toutes ses points d'un plan projectif $P(E, D)$ donne un plan affin $A(E, D)$. Dans un plan affin d'ordre n les droites forment des groupes de $n + 1$ sous-ensembles de n droites parallèles.

Un k-arc dans un plan projectif est un sous-ensemble $X \subset D$ de k droites telles qu'aucun sous ensemble de trois d'entre elles n'ait un point commun. Quand n est pair, un $(n+2)$-arc est dit *complet*. Dans ce cas chaque point de l'arc est contenu dans exactement deux droites, et donc le nombre de points d'un $(n + 2)$-arc est $(n + 2)(n + 1)/2$. Appelons F cet ensemble de points.

Par la suite n sera pair, $n = 2p$. Soit $l \in D \setminus K$, chaque fois que la droite l rencontre un point de F, la droite l intersecte deux droites de X, donc si on considère le graphe complet $G = (X, F)$ à $n + 2$ sommets, la droite l intersecte G dans un couplage M (c'est à dire un sous-ensemble d'arêtes disjointes). Donc $|l \cap F| \leq p + 1$. Nous allons montrer qu'en effet on a $|l \cap F| = p + 1$. En tenant compte du fait que chaque paire de points de F est contenue dans exactement une droite de D, on a :

$$(p + 1)(2p + 1)[(p + 1)(2p + 1) - 1]/2,$$

paires de points dans F. Une droite de X couvre $p(2p+1)$ points, et donc les $2p+2$ droites de X couvrent $p(2p+1)(2p+2)$ paires de points de F. Les autres droites ont ainsi $(p+1)(2p+1)[(p+1)(2p+1)-1]/2 - p(2p+1)(2p+2)$ points à couvrir. Ce nombre se réécrit sous la forme $p(p+1)(2p+1)(2p-1)/2$. Il y a $n^2 - 1$ droites dans $D \setminus X$, $n^2 - 1 = (2p+1)(2p-1)$, chacune parmi elles couvre au plus $p(p+1)/2$ paires de points de F, toutes les droites couvrent ainsi au plus $p(p+1)(2p+1)(2p-1)/2$ paires de points de F. Donc chaque droite de $D \setminus X$ intersecte F dans un couplage parfait (maximum), dans $p + 1$ points

4.2 Premiers modèles

Soit E un ensemble de $p = n^2 + n + 1$ éléments et B l'ensemble des $\binom{p}{n+1}$ $(n + 1)$-sous-ensembles de E.

Soit P l'ensemble des $p(p - 1)/2$ paires d'éléments de E. Soit A_{PB} la matrice d'incidence des paires contenues dans les blocs de B, pour une paire $c \in P$ et un bloc $b \in B$, $A_{cb} = 1$ si la paire c est couverte par le bloc b, $A_{cb} = 0$ sinon. Soit $\mathbf{1}$ le vecteur plein de 1 indicé par P, les $0, 1$ solutions de :

$$A_{PB}x_B = \mathbf{1},$$

sont des plans projectifs d'ordre n.

Dans le cas d'ordre 12, il y a $\binom{157}{13}$ blocs et 12246 lignes dans ce cas, ce qui implique un modèle très large.

Considérons les deux premiers blocs de droites parallèles d'un plan affin. Appelons X et Y ces droites. Evidemment $G = (X \cup Y, E)$ est un graphe complet biparti, donc les autres droites intersectent E dans un couplage parfait de G qui est de cardinal n. Soit M l'ensemble des couplages parfaits de G et A_{PB} la matrice d'incidence des paires contenues dans les blocs de M, les $0, 1$ solutions de :

$$A_{PB} x_B = \mathbf{1},$$

sont des plans affins d'order n.
Dans le cas d'ordre 12 il y a $12! = 479001600$ blocs et 8712 lignes dans ce cas, ce qui implique un modèle très large.

Supposons maintenant qu'un plan projectif d'ordre pair n contient un $(n+2)$-arc. Comme nous l'avons décrit précédemment, appelons F l'ensemble de ses $(n+1)(n+2)/2$ points. Nous savons que les autres droites rencontrent cet ensemble de points dans un couplage parfait du graphe complet $G = (X, F)$. Soit B l'ensemble des couplages parfaits de G. L'ensemble des autres droites d'un plan projectif contenant un $(n+2)$-arc doit satisfaire l'équation :

$$A_{PB} x_B = \mathbf{1},$$

où A_{PB} est la matrice d'incidence des couplages parfaits de G. Le nombre des couplages parfaits d'un graphe complet d'ordre pair $n + 2$ est de $n + 1$ fois le nombre de couplages parfaits d'un graphe complet d'ordre pair n (choisir les $n + 1$ arêtes $\{1, i\}$ de G et compléter par un couplage parfait du complément de cet arête qui est un graphe complet à n sommets). Il y a donc $\frac{(n+1)!}{2^{\frac{n}{2}} n!}$ couplages. Pour $n = 12$, il y a $13 \times 11 \times \ldots \times 1 = 135135$ blocs et 3003 lignes.
Même s'il ne donne pas de plan projectif, ce nouveau modèle peut être étudié par des techniques de programmation combinatoire. Pouvons-nous améliorer ce modèle ?
Oui, en étudiant la version affine d'un arc complet on diminue le nombre d'équations de la matrice A_{PB}. Dans ce cas, la première arête d'un couplage, l'arête $\{1, i\}$ couvre toutes les paires $\{\{1, i\}, \{j, k\}\}$ pour $j, k \neq 1$. Evidemment, l'arête $\{1, i\}$ étant connectée à chacune des autres arêtes qui ne la rencontrent pas, l'ensemble des couplages contenant l'arête $\{1, i\}$ partitionne les arêtes du graphe complet à n sommets $G_n = (X \setminus \{1, i\}, F(X \setminus \{1, i\}))$. Donc l'arête $\{1, i\}$ couvre $n(n - 1)/2$ paires, donc toutes les arêtes $\{1, i\}$

couvrent $(n + 1)n(n - 1)/2$ paires. Le nombre de lignes de la matrice A_{PB} est ainsi diminué par ce nombre qui est 858 pour $n = 12$. Le nombre de lignes est ainsi 2145.

Pouvons-nous améliorer à nouveau ce modèle. En tenant compte que toutes les paires couvertes par un couplage contenant une arête $\{1, 2\}$ partitionnent les arêtes du K_n complémentaire, ces couplages représentent une coloration en 11 couleurs des arêtes de ce K_n. On ne connaît pas quand même le nombre de colorations non-isomorphes de K_n en 11 couleurs. Supposons que ce nombre est petit, disons r, on peut donc remplacer tous les blocs contenant $\{1, 2\}$ par r ad hoc blocs, c'est à dire blocs de toutes les paires d'arêtes de K_n couvertes par les couplages des r colorations de leures arêtes.

4.3 Deuxièmes modèles

Dans le plan affin d'ordre n, nous allons fixer les deux premiers ensembles X et Y de droites parallèles qui, comme on l'a dit précédemment, peuvent être interpretées comme les ensembles de sommets du graphe complet biparti d'ordre n, les arêtes duquel étant l'ensemble E de points du plan affin. L'ensemble de points des autres droites forment un couplage de ce graphe biparti K_{nn}, une classe parallèle de droites partitionne donc l'ensemble de points en n couplages disjoints. Appelons $S_{(X \cup Y)E}$ la matrice d'incidence du graphe complet biparti à n sommets. Appelons x_E^l un 0, 1 vecteur indicé par E, correspondant à la droite $l \notin X \cup Y$. Appelons P_i, pour $i = 3, 4, ..., n + 1$, l'ensemble des droites d'une classe parallèle de droites. Nous avons donc le modèle suivant :

Pour chaque i, pour chaque droite $l \notin X \cup Y$, $l \in P_i$ nous exprimons que x_E^l est un couplage de K_{nn} :

$$S_{(X \cup Y)E} x_E^l = \mathbf{1}.$$

Pour chaque arête e de K_{nn} nous exprimons que cette arête appartient à une seule droite de la classe parallèle P_i :

$$\sum_{l \in P_i} x_e^l = 1, \ \forall e \in E.$$

Nous allons exprimer maintenant le fait qu'une paire d'arêtes disjointes e, e' apparaît dans une seule droite. Une façon de faire, mais pas la plus forte possible est la suivante $\forall i \neq j$, $\forall l \in P_i$, $l' \in P_j$:

$$x_e^l + x_{e'}^l + x_e^{l'} + x_{e'}^{l'} \leq 1, \ , \forall e \neq e'.$$

On peut donc écrite le modèle $0, 1$ suivant :

$$\begin{cases} S_{(X \cup Y)E} x_E^l = \mathbf{1}, \ \forall i = 3, 4, ..., n+1, \ \forall l \in P_i, \\ \sum_{l \in P_i} x_e^l = 1, \ \forall i = 3, 4, ..., n+1, \ \forall e \in E, \\ x_e^l + x_{e'}^l + x_e^{l'} + x_{e'}^{l'} \leq 1, \ \forall i \neq j, \ \forall l \in P_i, \ l' \in P_j, \ , \forall e \neq e'. \end{cases} \quad (4.1)$$

Dans ce modèle, le nombre de variables est de $n^2 n(n-1)$, 19008 pour $n = 12$. Le nombre d'équations est de $2n \, n(n-1) + n^2(n-1) = 3n^2(n-1)$ et le nombre d'inégalités est de $\frac{(n-1)(n-2)}{2} \times n^2 \times \frac{n^2(n^2-1)}{2}$. Pour $n = 12$ cette valur est de 81544320.

On peut réduire un peu ces nombres en notant que nous pouvons toujours réarranger les droites dans un bloc parallel de sorte que le premier contient l'arête $\{1, 1\}$, le deuxième l'arête $\{1, 2\}$, et,..., et le dernier l'arête $\{1, 12\}$. Dnas ce cas le graphe biparti a seulement 11 sommets de chaque côté, le nombre de variables se réduit à 15972.

Pour le $n+2$-arc nous pouvons construire un modèle analogue. Appelons S_{XE} la matrice d'incidence du graphe complet à $n + 2$ sommets. Appelons x_E^l un $0, 1$ vecteur indicé par E, correspondant à la droite $l \notin X$. Appelons P_i, pour $i = 2, 3, ..., n + 2$, l'ensemble des droites d'une classe contenant l'arête e_i. Nous aurons donc le modèle suivant :

Pour chaque i, pour chaque droite $l \notin X \cup Y$, $l \in P_i$ nous exprimons que x_E^l est un couplage de K_{n+2} :

$$S_{XE} x_E^l = \mathbf{1}.$$

Pour chaque arête e de K_{n+2} différente de $\{1, i\}$ nous exprimons que cette arête appartient à une seule droite de la classe P_i :

$$\sum_{l \in P_i} x_e^l = 1, \ \forall e \in E.$$

Nous allons exprimer maintenant le fait qu'une paire d'arêtes disjointes e, e' apparaît dans une seule droite. Une façon de faire, mais pas la plus forte possible est la suivante $\forall i \neq j, \ \forall l \in P_i, \ l' \in P_j$:

$$x_e^l + x_{e'}^l + x_e^{l'} + x_{e'}^{l'} \leq 1, \ , \forall e \neq e'.$$

Nous pouvons donc écrire le modèle $0, 1$ suivant :

$$\begin{cases} S_{XE} x_E^l = \mathbf{1}, \ \forall i = 2, 3, ..., n+2, \ \forall l \in P_i, \\ \sum_{l \in P_i} x_e^l = 1, \ \forall i = 2, 3, ..., n+2, \ \forall e \in E, \\ x_e^l + x_{e'}^l + x_e^{l'} + x_{e'}^{l'} \leq 1, \ \forall i \neq j, \ \forall l \in P_i, \ l' \in P_j, \ , \forall e \neq e'. \end{cases} \quad (4.2)$$

Dans ce modèle le nombre de variables est de $(n-1)^2 n(n+1)/2$, 9438 pour $n = 12$. Le nombre d'équations est $(n-1)n(n+1) + n(n+1)^2/2 = n(n+1)(3n-1)/2$ et le nombre d'inégalités est $\frac{n(n+1)}{2} \times (n-1)^2 \times \frac{n(n+1)[n(n+1)-2]}{8}$. Pour $n = 12$ la valeur de ce nombre est 28710396.

On peut réduire un peu ces nombres en notant qu'on peut toujours réarranger les droites dans un bloc dans l'ordre que le premier contient l'arête $\{3, 4\}$, le deuxième l'arête $\{3, 5\}$, et,...., et le dernier l'arête $\{3, 14\}$. Dans ce cas les graphes complets ont seulement 10 sommets, le nombre de variables se réduit à 6435.

Chapitre 5

Diamètre du polytope des circuits

On appelle *circuit* un cycle simple de K_n. La longueur d'un circuit est le nombre d'arêtes dans ce circuit.

Soit PC_n^k l'enveloppe convexe de tous les circuits à longueur inférieure ou égale à k.

Nous allons montrer le resultat suivant :

Théorème 5.1 *Le diamètre de PC_n^k est égal à 2.*

Preuve :

Soit C_1 et C_2 deux circuits de K_n. Soit q le nombre de cycles disjoints dans la différence symmétrique $C_1 \Delta C_2$.

Alors l'enveloppe convexe $F(C_1, C_2) = conv\{x^C : C \in C_1 \cup C_2\}$ est un polytope de dimension $\leq q$.

$F(C_1, C_2)$ est une face du polytope PC_n^k.

Soit $x_F^{C'}$ un point extrême de F avec :

$$C_1 \cap C_2 \subset C' \subset C_1 \cup C_2.$$

Considérons les chemins à sommet initial dans $C_1 \cap C_2$ et sommet final dans $C_1 \cup C_2$ (puisque le premier ensemble est inclus dans le deuxième, on peut considérer des circuits).

Si on a deux chemins disjoints, les circuits correspondants sont voisins sur le polytope PC_n^k.

Si la différence symmetrique des circuits est un circuit, alors les sommets sont disjoints aussi.

Supposons maintenant que les deux chemins P_1 et P_2 ont p sommets en commun. Dans ce cas, on considère la restriction de $F(C_1, C_2)$ sur le polytope $F'(C_1, C') = conv\{x^C : C \in C_1 \cup C'\}$, et le sommet $x_{F'}^{C'}$ est tel que :

$$C_1 \cap C' \subset C' \subset C_1 \cup C'.$$

□

Chapitre 6

Conclusion

Il n'était pas si évident d'obtenir le résultat donné dans la remarque 2.1. Une analyse fine des facettes obtenues nous a donné d'abord les 14 points sous-ensembles qui étaient analysés après comme deux plan disjoints. Au cas général un tel résultat paraît négatif. Dans le cas d'ordre 2 il exprime l'enveloppe convexe des plans projectifs finis d'ordre 2 en terme des plans projectifs finis d'ordre 2. En particulier, ce résultat n'implique rien sur l'existence de plans projectifs finis d'ordre n. Bien entendu, la solution du programme entier correspondant va donner la réponse.

Pour les hypergraphes complets r-uniformes, P_{kn}^r est de façon évidente au moins de voisinage 2. Le même argument comme celui qu'on a utilisé pour les graphes complets tient. D'autre part, à partir d'un contre exemple de voisinage 3 pour un hypergraphe complet r-uniforme, en remplaçant chaque r-arête par une r-clique, et en comptant les arêtes avec leur multiplicité, on peut déduire un contre exemple pour le voisinage 3 de P_{kn}^2, et donc P_{kn}^r est au moins 3-neighbourly.

D'autre part, même pour les hypergraphes complets 3-uniformes, le voisinage que nous donnons comme conjecture est de 7 ($2^r - 1$). Bien entendu, la remarque (3.1) et le lemme (3.2.3) se généralisent. Il peut être possible de généraliser la preuve que nous donnons pour les graphes complets, mais dans ce cas nous aurons à structurer ce preuve pour prendre en compte beaucoup plus de sous-ensembles que dans le cas du graphe complet...

Bibliographie

[1] O. Anglada and J.F. Maurras, *Enveloppe convexe des hyperplans d'un espace affine fini,* avec Olivier Anglada, Rairo Oper. Res.**37** 213-219 2003.

[2] D. Avis, http ://cgm.cs.mcgill.ca/ avis/C/lrs.html

[3] D. Avis and K. Fukuda, *A pivoting algorithm for convex hulls and vertex enumeration of arrankements and polyhedra,* Discrete Comput. Geom., **8** (1992) 295-313.

[4] I. Bárány and Pór, *0-1 polytopes with many facets,* Advances in Math.,**161** (2001), 209-228.

[5] C. Berge, *Principes de combinatoire,* DUNOD, Paris, 1968.

[6] R.H. Bruck and HJ Ryser, *The nonexistence of certain finite projective planes,* Canad. J. Math. **1** (1949), 88-93.

[7] F.C. Bussemaker and J.J. Seidel, *Symmetric Hadamard matrices of order 36,* Report 70-WSK-02, TH Eindhoven, July 1970.

[8] T. Christof, www.zib.de/Optimization/Software/porta

[9] V. Chvàtal, *On certain polytopes associated with graphs,* J. Combin. Theory Ser. B, 18 (1975), pp. 138-154.

[10] P. Duchet, *Oral communication,* 2005.

[11] Jack Edmonds,*Paths, trees, and flowers,* Canadian Journal of Mathematics **17** (1965) 449-467. [**??**]

[12] J.R. Edmonds, *Maximum matching and a polyedron with 0,1-vertices,* Journal of Research of the National Bureau of Standards (B) **69** (1965) 125-130. [**??**]

[13] K. Fukuda, http ://cs.mcgill.ca/ fukuda/soft/cdd

[14] P.B. Gibbons, *Computing Techniques for the Construction and Analysis of Block Designs,* Techn. Report N° 92, Dept of Computer Science, University of Toronto, May 1976.

[15] T.R. Kirkman, *On a problem in combinations*, Camb. and Dublin Math. J. **2** (1847), 191-204.

[16] Clement W.H. Lam, *The Search for a Finite Projective Plane of Order 10*, American Mathematical Monthly **98**, (no. 4) 1991, 305 - 318.

[17] J. Lawrence, *A short proof of Euler's relation for convex polytopes*, Canad. Math. Bull. Vol. 40 (4), 1997 pp. 471 - 474.

[18] M. Limbos, *Projective embeddings of small Steiner triple systems*, Ann. Discrete Math. **7** (1980), 151-173.

[19] R.A Mathon, K.T. Phelps and A. Rosa, *Small Steiner triple systems and their properties*, Ars Combinatorica, vol. **15** (1983), 3-110.

[20] J.F. Maurras, *An exemple of dual polytopes in the unit hypercube*, Annals of Discrete Mathematics **1**, (1977) 391-392.

[21] J.F. Maurras, *The Line Polytope of a finite Affine Plane*, Discrete Mathematics **115**, (1993) 283-286.

[22] J.F. Maurras, *Programmaion Linéaire, Complexité, Séparation et Optimisation*, Collection SMAI, Springer, 2002.

[23] J.F. Maurras and R. Nedev, *On the convex hull of projective planes*, Rairo, 01/08/2007.

[24] J.F. Maurras and R. Nedev, *On the connectivity of the k-cliques polyhedra*, avec Roumen Nedev, soumis aux lecture notes du CRM de Montréal, décembre 2006,

[25] T.S. Motzkin, H. Raiffa, G.L. Thompson and R.M. Thrall, *The double description methodi*, In H.W. Kuhn and A.W. Tucker, editors, **Contributions to theory of games Vol. 2**, Princeton University Press, Princeton, RI, 1953.

[26] C. Papadimitriou, *The adjacency relation on the travelling salesman polytope is NP-complete,*, Math. Programming, 14 (1978), pp. 312-324.

[27] H.S. White, F.N. Cole and L.D. Cummings, *Complete classification of the triad systems on fifteen elements*, Mem. Nat. Acad. Sci. U.S.A. **14**, 2nd memoir (1919), 1-89.

[28] G. M. Ziegler, *Lectures on Polytopes*, Graduate Texts in Mathematics 152, Springer-Verlag, 1991.

www.ingramcontent.com/pod-product-compliance
Lightning Source LLC
LaVergne TN
LVHW042350060326
832902LV00006B/511